100位

为新中国成立作出突出贡献的英雄模范人物

王克勤

马秀琴/编著

★

吉林文史出版社

图书在版编目（CIP）数据

王克勤 / 马秀琴编著. -- 长春：吉林文史出版社，
2011.4（2022.4重印）
（100位为新中国成立作出突出贡献的英雄模范人物）
ISBN 978-7-5472-0505-1

Ⅰ．①王… Ⅱ．①马… Ⅲ．①王克勤（1920～1947）—
生平事迹 Ⅳ．①K825.2

中国版本图书馆CIP数据核字(2011)第049557号

王克勤

WANGKEQIN

编著/ 马秀琴

选题策划/ 王尔立　责任编辑/ 王尔立

装帧设计/ 韩璘

出版发行/ 吉林文史出版社

地址/ 长春市福祉大路5788号　邮编/ 130118

电话/ 0431-81629363　传真/ 0431-86037589

印刷/ 天津海德伟业印务有限公司

版次/ 2011年4月第1版　2022年4月第6次印刷

开本/ 640mm×920mm　1/16

印张/ 9　字数/ 100千

书号/ ISBN 978-7-5472-0505-1

定价/ 29.80元

《100位为新中国成立作出突出贡献的英雄模范人物》丛书

★★★★★

编 委 会

主　任　　张自强　高　磊

副主任　　王东炎　徐　潜　张　克　王尔立

编　委　　郭家宁　尚金州　龚自德　张菲洲

　　　　　张宇雷　褚当阳　丁龙嘉　孙硕夫

　　　　　李良明　闫勋才

/**100**位

为新中国成立作出突出贡献的英雄模范人物／

八女投江	于化虎	小叶丹	马本斋	马立训	方志敏
毛泽民	毛泽覃	王尔琢	王尽美	王克勤	王若飞
邓 萍	邓中夏	邓恩铭	韦拔群	冯 平	卢德铭
叶 挺	叶成焕	左 权	诺尔曼·白求恩		任常伦
关向应	刘老庄连	刘伯坚	刘志丹	刘胡兰	吉鸿昌
向警予	寻淮洲	戎冠秀	朱 瑞	江上青	江竹筠
许继慎	阮啸仙	何叔衡	佟麟阁	吴运铎	吴焕先
张太雷	张自忠	张学良	张思德	旷继勋	李 白
李 林	李大钊	李公朴	李兆麟	李硕勋	杨 殷
杨子荣	杨开慧	杨虎城	杨靖宇	杨闇公	萧楚女
苏兆征	邹韬奋	陈延年	陈树湘	陈嘉庚	陈潭秋
冼星海	周文雍、陈铁军夫妇		周逸群	明德英	林祥谦
罗亦农	罗忠毅	罗炳辉	郑律成	恽代英	段德昌
贺 英	赵一曼	赵世炎	赵尚志	赵博生	赵登禹
闻一多	埃德加·斯诺		夏明翰	格里戈里·库里申科	
狼牙山五壮士		聂 耳	郭俊卿	钱壮飞	黄公略
彭 湃	彭雪枫	董存瑞	董振堂	谢子长	鲁 迅
蔡和森	戴安澜	瞿秋白			

前　言

　　每个人的心中都多少有一点英雄情结，都向往英雄、景仰英雄。也正因此，在中华人民共和国建国六十周年之际，由中央十一部委联合组织开展的"100位为新中国成立作出突出贡献的英雄模范人物和100位新中国成立以来感动中国人物"的评选活动中，群众参与投票总数近一亿。这其中的每一张选票，都表达了人们对英雄模范的崇敬之情，寄托着对伟大祖国的美好祝福。

　　一个民族不能没有英雄，否则这个民族就不会强大。当国家危难之时，懦弱者选择了逃避、妥协甚至投降，英雄们却挺身而出，用热血捍卫民族的尊严，人民的幸福。在创立和建设新中国的伟大历程中，涌现出无数可歌可泣的英雄模范人物。他们之中，有为了民族独立和人民解放而英勇牺牲的革命先烈，有为了党和人民的事业而不懈奋斗的优秀共产党员，有在全民族抗战中顽强奋战、为国捐躯的爱国将士，有英勇杀敌的战斗英雄和革命群众，有积极从事进步活动的著名民主爱国人士和国际友人……他们是民族的脊梁、祖国的骄傲，是激励全体人民团结奋斗的精神力量。

　　《100位为新中国成立作出突出贡献的英雄模范人物传记》丛书，就像一部星光璀璨的英雄谱，真实、完整地记录了英雄模范人物不平凡的一生，再现了他们非凡的人格魅力和精神世界。"头颅可断腹可剖"的铁血将军杨靖宇，"毫不利己，专门利人"的白求恩，"抗战军人之魂"张自忠，"砍头不要紧"的夏明翰，"俯首甘为孺子牛"的文化斗士鲁迅……一串串闪光的名字，一个个动人的故事，犹如群星闪烁，光耀中华。

　　如今，战火已熄，硝烟已散，英雄已逝，我们沐浴在和平的幸福之中。在和平年代，人们不会忘记为今日的和平浴血奋战的英雄们，英雄的故事永远不会结束。让我们用英雄的故事唤醒我们心中的激情，为中华民族的伟大复兴而奋斗。

生平简介

王克勤（1920-1947），男，汉族，安徽省阜阳县人，中共党员。

王克勤 1939 年 7 月被国民党军队抓去做壮丁。1945 年 10 月，在邯郸战役中被解放，参加中国人民解放军，任晋冀鲁豫野战军第六纵队十八旅五十二团一营一连机枪射手。1946 年 9 月加入中国共产党。在党和人民军队的培养下，迅速成长为具有高度政治觉悟、英勇善战的优秀战士，先后任班长、排长。他九次立功，被评为"一级杀敌英雄"、"模范共产党员"。他总结练兵、行军作战和思想政治工作经验，创造性地开展了思想互助、生活互助、战斗互助的"三大互助"活动，有效地提高了部队的战斗力。1946 年 10 月 6 日，在山东巨野县徐庄阻击战中，他带领全班发挥战斗互助作用，与国民党军激战一天，打退敌数次进攻，歼灭大量敌人，全班无一伤亡，圆满完成任务。战后，全班荣立集体一等功，三人被评为战斗英雄，他被提升为排长。同年 12 月，延安《解放日报》发表社论，称赞他"为中国人民解放事业创造了新的光荣的范例"，号召全军部队普遍开展向王克勤学习的运动。他的"三大互助"带兵经验迅速在全军推广，对人民军队建设具有重大意义。1947 年 7 月 10 日，在鲁西南战役中，他率领全排奋勇登城，负伤后仍坚持指挥战斗，因流血过多，于 1947 年 7 月 11 日凌晨英勇牺牲。

1920-1947

[WANGKEQIN]

◀王克勤

目 录 MULU

歌剧《王克勤班》 / 085

为了在部队中广泛地开展"王克勤运动",使部队官兵充分了解"王克勤运动"的重要意义,军区文工团和第六纵队文工队,根据王克勤的事迹集体创造了歌剧《王克勤班》,在冀鲁豫前线部队上演了18次,受到了普遍的欢迎和好评。

27岁

虚怀若谷 / 089

王克勤当了英雄,荣誉虽然多,但嫉妒他的人也不少,使他既兴奋又苦恼。当了英雄至少有两个问题要解决好:一是正确认识荣誉,不要把成绩都记在自己的账上;二是不能把荣誉当成包袱,要力戒骄傲,继续前进。

27岁

勇挑重任 / 097

在定陶战役中,王克勤不顾病体,勇挑重任,争当突击排。表现出一个优秀共产党员在关键时刻冲锋在前的精神风范。他带领全排积极地做云梯,练习投弹,练习摆队形,为攻城作好了充足的准备。

27岁

捐躯定陶 / 105

在攻城战役中,王克勤手提一筐手榴弹,第一个冲出战壕,不幸被敌人子弹打中,身负重伤,然而他负伤指挥,直至攻城的战士占领城头。由于负伤过重,流血过多,在转运的途中不幸牺牲。

27岁

永远的丰碑 / 115

王克勤为人民解放献出了自己年轻的生命,但王克勤创造的"三大互助"带兵方法,依然在部队中发挥着它长久不衰的生命力,他依然是官兵心中学习的榜样,他的精神依然鼓舞着更多的战友,他们争当王克勤班,他们努力进取,争做王克勤式的战斗英雄。王克勤成为人民军队一面鲜明的旗帜。

■后记　一切源于对党和人民解放事业的无比热爱 / 127

正义之师铸就真英雄（代序）

　　一个被俘的普通国民党士兵，在不到一年的时间里，竟迅速成长为我军了不起的作战英雄和爱兵模范，是怎样的力量使他发生了如此天翻地覆的变化？

　　是人民军队的革命宗旨，是我党优待俘虏的政策，领导同志友爱宽容，使他幡然醒悟，使他彻底明白了谁是敌人，谁是朋友，要为谁流血，愤怒的枪口要对准谁。也只有在人民军队里，王克勤的才干有了充分展示的舞台。

　　党使他获得新生，从此，王克勤全身心地投入到为党为人民的解放事业中，并为此赴汤蹈火，将生死置之度外。

　　"在家靠父母，革命靠互助"是他常讲的一句话，教育大家搞好团结。行军作战，他身先士卒，他用自己的实际行动来做战士们的一面昂扬的旗帜、一个理想的标杆；生活中，事事为同志着想，先人后己，他的高风亮节时时刻刻感染和鼓舞着身边的同志们，他就是这样带出了一个多打胜仗、能打硬仗的集体。

　　他在军队中首创了"三大互助"，即思想互助、生活互助、战斗互助，并获得了巨大的成功，他的成功经验在全军得到推广，被称为"为中国人民的解放事业创造出新的范例"。

　　当罪恶的子弹穿透他勇敢刚毅的胸膛时，他没有吭一声，依然坚持战斗，直到战斗结束，他被同志们用担架抬下阵地。

王克勤英勇牺牲的消息传到野战军总部后，刘伯承司令员激动地说："蒋介石一个旅也换不来我一个王克勤！"随即他以自己和政委邓小平的名义，亲笔给王克勤所在部队发去了唁电，称赞王克勤是"战斗与训练、技术与勇敢结合的，为我全军所学习的新的进步的范例"。

古人云：一点浩然气，千里快哉风。

正义必将战胜邪恶。正义的力量是无限的，是不可抗拒的。王克勤选择了正义之师，而正义之师铸就了他辉煌的人生。

生于乱世

（1920—1945）

→ 佃农之子

★★★★★

（0—17岁）

　　一个战士的牺牲，竟能让刘伯承将军深表痛惜地称道"这是蒋介石拿一个旅也换不来的人"，并以自己和邓小平的名义，亲自撰写了悼词，号召全军学习他。

　　他是谁? 他建立了什么样的丰功伟绩，能如此牵动号令百万雄师的将军之心?

　　他叫王克勤，解放战争时期，一个从安徽阜阳走出来的战斗英雄，创立了有名的"三大互助"，在解放军中产生了巨大反响，一个以他名字命名的"王克勤运动"在军中广泛开展，大大提高了军队的战斗力。王克勤的成功，也是我军瓦解敌军和宽待俘虏政策的胜利。

　　据王克勤生前所在部队的营教导员于永

△ 王克勤故里

贤回忆说："王克勤生前多次说自己是安徽阜阳王东店人。"那么，王克勤所说的王东店是现在阜阳的什么地方呢？经多方查证得知，就是现在阜阳所辖的颍上县六十铺镇。而王东店的名字经国民政府、苏区政府和新中国成立之后对该地区几次行政区划的调整后，已经被人们淡忘，成为历史。

1920年冬夜，刺骨的北风挟着飞雪弥漫在安徽阜阳王东店上空，紧依在水围子边的十几户人家显得格外的凄凉、寂寞。寒风肆虐地撕扯着一处堵在泥土房上的破布烂草，似乎要把已经四处漏风的破房子彻底撕毁。在这样一个凄冷的夜晚，在这样一个抵挡不住寒冷的破房子里，一个瘦弱的男婴降生了，他微弱的哭喊声在风中被传出很远。这个孩子叫王克勤，小名连恩，又名开亮。父亲王晓平是当地一个穷苦的佃农，育有五子一女，王克勤是其四子。一家老小靠租种地主王晓传的地为生。这个王晓传心狠手辣，盘剥农民绞尽脑汁，耍尽伎俩，常以大斗称进，小斗称出为手段巧取豪夺。穷苦人对他恨之入骨，给他起了绰号"三藏"，即藏粮、藏斗、藏称。

穷人的孩子早当家，王克勤很小的时候就跟父母打草、拾柴、喂牛、放羊，为家里做些力所能及的事情。全家人辛苦一年打下的粮食，交了租还不够糊口。没办法，父亲只好向王晓传借高利贷租子，可这高利贷，简直像一个深不见底的泥潭，今年借一斗粮，明年就得还三斗，任凭你累死累活地干，饭还是吃不饱，欠地主的租子却越来越多，日子越来越艰难了。王晓平实在没办法，为了活命，就把王克勤送进寺庙为僧，取法名僧胜良，绰号"噘嘴和尚"。

王克勤 13 岁那年，王晓平与地主王晓传为地租问题争吵，凶狠的王晓传让他的家丁对王晓平大打出手，可怜的王晓平怎能经得住那一帮如狼似虎的家丁的毒打，他被打得奄奄一息，一条腿被打断了，被王晓传扔到街上。王晓平一点点爬回了家，身后是长长的一条血迹。家里连吃的都没有，哪有钱治病，王克勤的母亲只能守着父亲不停流泪。连气带病的王晓平，在刚刚到了秋收的季节，就含着怨恨离开了人世，留下无依无靠的妻子和年幼的孩子们。为了活命，王克勤便和可怜的母亲、幼小的弟弟，背井离乡，沿街乞讨，受尽了别人的打骂欺辱，尝尽了人世间的苦难辛酸。

→ 被抓壮丁

★★★★★

（17—25岁）

王克勤17岁的时候，国民党抓壮丁，他被保长抓去卖了壮丁。其间他逃过三次，每次都被抓了回去，打得死去活来。

1939年王克勤刚满19岁，又被国民党绳捆索绑抓了壮丁，被迫与母亲、小弟分离。没想到这一次生离竟成死别，一直到王克勤英勇牺牲，他都没能与时刻牵挂的家人再见上一面。王克勤被补入到国民党第三十军二十七师七十九团八连当兵，他在国民党军队里受尽了欺压、体罚和虐待，过了六年黑暗悲惨的生活。

提起在国民党军队当兵的经历，王克勤深有感触，他后来回顾这段生活时说："国民党的军官可以对士兵为所欲为，稍不如意，当官的就对士兵拳打脚踢。到了第四年，他才是个二等兵。在国民党部队里，从军官到士兵，吃喝嫖赌抽大烟，欺负穷苦的老百姓。出生穷苦的王克勤特别痛恨这些行为，可他一个当兵的又有什么办法呢？王克勤长得大块头，连长就让他扛机枪。他对枪很感兴趣，把心思都用在枪上，连队的各种枪他都精通。他把那挺机枪摸得烂熟，闭上眼睛也能拆卸，实弹射击百发百中。然而让他气愤的是：他所在的国民党部队，不用心去打日本鬼子，却把枪口对准自己的同胞。

1942 年春，正是敌后人民抗日战争最困难的时期，国民党顽固派却视民族的安危于不顾，千方百计地限制、削弱共产党及其领导的人民抗日力量。不去打日本侵略者，却把枪口对准抗日的同胞，如此卑鄙的行径，是每一个有尊严的炎黄子孙所痛恨的，历史对这样的倒行逆施终会做出公正的判决！

蒋介石密令第五战区在短期内消灭新四军第五师。王克勤所在的国民党第三十军二十七师，在第四十五军军长陈鼎勋指挥下，进攻新四军的随（县）南地区。新四军第五师集中优势兵力，专打蒋介石的嫡系暂一师，圣场一战便歼灭其一个营。受暂一师指挥的戴焕章支队虚放枪炮保持中立，还私下接济大批子弹给第五师。第五师只用十五旅的第四十五团和随南支队，来骚扰王克勤所在的第二十七师。才听到枪声，连长便布置王克勤机枪掩护撤退。等王克勤占领阵地回过头来，连长和全连人早跑光了。该打的日本人不打，不该打的新四军偏去打，打又像不打，不打又天天在打。王克勤不知道上边搞的什么名堂，他被搞糊涂了。此刻，他有一种被羞辱的感觉，端起机枪对准天空，嗒嗒嗒就是一梭子。四十五团和随南支队包抄上来，他当了新四军的俘虏。

王克勤心想：这下完了，长官们一再讲，新四军杀俘虏，恐怕小命难保了。然而新四军不仅没杀他，还待他很好，派好几个人和他谈话，讲团结抗日、中国人不打中国人的道理，解释共产党新四军的抗日民族统一战线政策，并说如果愿意回原部队，新四军就放他回去。他在被俘期间，实实在在地吃了两顿饱饭。临走时，一个部队领导还送给他两条老黄瓜。并对他说：抗战时期生活艰苦，自己种的老黄瓜送两条，路上解渴。

王克勤又回到了原八连。王克勤回去之后，就一五一十地把他在红军部队里看到的、听到的和受到的待遇，跟兄弟们说了，后来连长知道这件事，把王克勤叫过去大骂了一顿。

第一次被俘，使王克勤对新四军有了新的认识，之前灌输到他耳朵里的谣言不攻自破。第一次见识了和国民党军队截然不同的军队。他那被苦难和欺辱得已经麻木了的心，慢慢地有了一种别样的感觉。

1937年12月25日，毛泽东在《和英国记者贝特兰的谈话》中提出了著名的政治工作三大原则，其中之一就是瓦解和宽待俘虏的原则。他指出："我们的胜利不但是依靠我军的作战，而且依靠敌军的瓦解。瓦解敌军和宽待俘虏的办法，虽然目前收效尚未显著，但在将来必定会有成效的。"后来的无数事实证明，这一政策是多么具有远见卓识！多么英明正确！而王克勤就是这一政策获得成功的最典型的例子。

抗日战争胜利后，国民党当局为了与人民抢夺胜利果实，在美国帮助下大规模向共产党控制的解放区进攻。1945年9月间，重庆谈判还在进行中，蒋介石就暗中命令阎锡山部队进攻我军西南，这就是历史上有名的上党战役，此次战役歼灭敌军三万五千余人，我军大获全胜。

1945年月10月，国民党企图完全控制平汉路。为粉碎国民党军队沿平汉线向华北解放区进犯，我中国人民解放军刘邓大军同敌人进行了一次具有战略意义的运动战，即平汉战役，又称邯郸战役。在残酷的战斗中，当时解放区军民一举歼灭了沿平汉路北犯的国民党三十军、四十军四万之众，并在临漳县旗杆章村（又名章里集村）俘虏了国民党第十一战区副司令长官兼四十军军长马法五、副军长刘世荣、参谋长李旭东等一批将领。平汉战役的胜利对于加快全中国解放的进程具有里程碑意义，在中国革命战争史上写下了辉煌的一页。

也就是在这场战役中，王克勤被太行军区第一支队第十团俘虏。王克勤后来回忆第二次被俘时的情况说："去年打平汉线，师长头三分钟

△ 上党战役

就跑了，我知道又得打败仗了，别的兄弟都在担心害怕，我却满不在乎，还在地里挖花生吃，八路军冲过来了，我就把机枪给他了。"

战役后，这个团改编为晋冀鲁豫军区第六纵队第十八旅第五十二团。王克勤后来被编入晋冀鲁豫野战军第六纵十八旅五十二团一营一连一排。

王克勤的人生由于来到解放军队伍而发生了重大转折，他过去受欺压的生活已经结束，历史即将翻开新的一页，一个全新的王克勤将在人民军队中成长起来。

弃暗投明

(1945—1946)

→ 十字路口

（25 岁）

平汉战役后，大批被俘的战士根据自愿的原则被补充到晋冀鲁豫野战军第六纵队第十八旅第五十二团。王克勤被补充到一营一连。当时这个连队的政治指导员是王玉琨，连长是陈凤祥，一排长李延，二排长党建庭，三排长刘根瑞。

王克勤刚解放过来时，与其他被俘者一样，思想问题也有很多。首先是当俘虏不服气。论武器装备，蒋介石的部队全部是美式装备，解放军靠几条破枪，是不能打败国民党军队的，并认为当俘虏是不走运。这种表面地直观地看问题，在当时的"解放战士"中很普遍。的确，他们看到的也是实情。当时解放军使用的是战斗中缴获的各种型号的杂牌枪。轻、重机枪、迫击炮是好的武器，旅部有两门山炮算是最优良的武器。论地盘，国民党统治着全国五分之四的地区，军队有430万，解放军才120万。为什么解放军能以劣势装备战胜人力、物力、财力都优于自己数倍的敌人，这不仅对于刚解放的新战士来说是一个难解的谜，就连解放区参军的战士和不少初级干部也都是一个问号。

部队领导感到这些思想问题，靠一般地讲道理不行，必须引导他们从我军宗旨上找答案。引导他们区别解放军与国民党军的不同性质，启发其阶级觉悟，逐步认识到我军是共产党领导的人民军队，所进行的自卫战争是保护人民利益的正义之战，因而得到全国人民的拥戴与支持，得民心者得天下。

一天，一营召集各连干部开会，汇报、研究部队思想情况。

一连指导员说："我们连有个王克勤，在国民党那边当了许多年的大头兵，满脑子乱七八糟，情绪低沉，背后净跟新解放战士瞎叨叨。最难改造的是这种人。"

"他都讲些啥？"营长插问了一句。

"说什么国民党有美国人帮助，地盘大，军队多，有飞机、坦克、大炮，解放军靠几条破枪，别想打败他们。并认为他这次被俘是不走运。"

"这没什么奇怪。"营教导员武效贤插话说，"这些人受反动派的欺骗宣传太深，应该耐心教育，生活上多体贴他们。"

"这种人满脑子乱七八糟。"一连指导员又重复说，"他生了病，党建庭副连长亲自给他打病号饭，可他吃完一抹嘴，背后又向别的解放战士说，解放军的官，就会收买人心。今天像亲兄弟，明天上战场，还不是拿匣子枪逼着你去替他卖命！他还说……唉，对他真一点儿办法也没有。"一连指导员说到这里，大概意识到对王克勤的缺点讲多了，又补充说："这个人，成分倒不错，讨过饭，受过苦，机枪打得顶好，别人都叫他'机枪圣手'。"

武效贤没有说话，他决定有时间去看看这个"机枪圣手"。

有一天，武效贤来到一连，刚走进一排驻地院里，就看见战士们围着一个大个子，聚精会神地像看什么把戏。他悄悄地凑过去，见那大个子眼蒙着条白毛巾，脸高高仰着，两手正摆弄一挺新缴获的苏式机枪，他一件件拆下，放在布上，拆完，又一件件装上去。他摸着每一个小小的零件，简直熟练得没法形容。他的嘴边，带着几分得意的微笑。等机枪重新装配好，他把蒙在眼上的白毛巾扯掉，说："你们检查吧，保险不差分毫！"

一个战士接过机枪，拉拉栓，试几试，向大个子伸起大拇指："行！好样的！"

"不愧是机枪老手！"又一个战士说。

"什么老手！人家是'机枪圣手'！"一个战士拍拍大个子的肩膀说，"名不虚传！"

"这又算啥！"大个子高兴地仰起头，那双眼向人们扫了几圈，目光一碰到武教导员，立即低下头去，本来想说什么，话到喉咙眼，又咽下去了，不自然地拿起擦枪布擦着手指上的机油。看热闹的战士们都散了。

武效贤冲他微笑了一下："你就是王克勤吧。"王克勤很拘谨地点点头。武教导员示意王克勤坐下。王克勤局促不安、直挺挺地站着。武效贤亲切地按了一下他的肩头，王克勤才规规矩矩坐下，两眼瞅着那挺机枪。

武效贤问他："你在国民党部队，是使这种机枪吗？"

"什么机枪都使过，就没使过步枪。"他怕武效贤不明白他话的意思，又补充了一句："我现在使的是步枪！"

武效贤想了想，指指那挺苏式机枪，说："我向你们连的首长说说，把它给你使，喜欢吗？"

王克勤猛然抬起头，露出又惊又喜的眼神，又似乎不太相信自己的耳朵，他心里非常清楚：机枪在作战时的重要性，而自己是刚被解放过来的"敌人"，解放军会信任我吗？武效贤看出了他的心思，很认真地说道："一定把这挺机枪给你使，不过，你得明白，枪口该对准谁！"

"我明白，对准'中央军'！"

"为什么对准他们呢？"

"因为……因为……"他结结巴巴，好半天才说一句："因为他们是反动派！"话说对了，但像刚学话的孩子似的。武效贤又问到他家庭情况，他低着头，半天才说："家里算没人啦，爸爸死了，妈妈和一个弟弟不知死活……"他叹息一声，摇摇头，不愿意再往下细谈。

武效贤发现王克勤话不多，但人憨厚、朴实，满腹的话却吐不出来，满身的力气却没处可使。像这样的战士，只要他懂得为谁当兵，为谁打仗，会成为一个好战士的。

古人云：玉不琢，不成器；人不学，不知道。像王克勤这样出身穷苦，有着很深的阶级仇恨的人，一旦分清敌友，明白人民军队的革命宗旨，他的革命斗志就会像干柴遇上烈火一样熊熊燃起。

→ 幡然醒悟

★★★★★

（25 岁）

1945 年 12 月，部队开始政治整训，首先开展诉苦运动。这是对解放战士最有效的教育形式。

连里的干部听说王克勤出身挺苦的，就想让他带个头，吐吐苦水。可是王克勤坚决不同意，说自己没有苦。武效贤亲自找他谈，可不管怎么说，他一张口还是那句话："我没有苦。"他坚持不讲，也就不好再勉强了。

诉苦大会上，许多人争先恐后地纷纷控诉国民党反动派、地主、恶霸欺压他们的罪行。有人父母被杀害，有人妻子被污辱，有人被地主逼得家破人亡……一笔笔血海深仇，一桩桩凄惨经历，台上台下一片哭声。开始，王克勤东张西望，很不以为然。但是，随着会场的哭声，他的眼圈也红了。当副连长党建庭诉说父亲被地主逼死、母亲领他讨饭时，一下子触动了王克勤内心深处的隐痛，他默默地低下了头，偷偷地抹去满脸的泪水。

第二天又继续诉苦，这天，会场上第一个上来的竟然是王克勤。他满脸泪痕，眼睛红肿，哭哭讲讲，整整讲了两个多小时，把积压在心里的二十多年的苦水，全倒了出来，这样大家才知道他的身世。

讲到最后，他泣不成声地说："狠心的地主，黑心的国民党，把我害苦了，我还替他们打仗，我被解放过来，还认为倒霉，我糊涂！我……"他捂着脸，跑下台去。

一连的干部是怎么把王克勤动员起来的？

原来，前一天开过大会以后，王克勤回到班里，饭不吃，衣不脱，倒在铺上蒙头大睡。副连长问他："为什么不吃饭？"他不说话。又问他："是不是病了？"他不言语。突然，他把头从被子里伸出来，扎到副连长的怀里，放声大哭，说："副连长，我和你一样，我有苦啊！明天让我讲，不讲我吃不下饭……"所以一宣布开会，他就跑上台。

诉苦运动以后，王克勤有了极大的变化，不再找新解放战士背后乱谈。他开始接近班长，亲近党员。班长让他教大家使机枪，他不再摆"机枪圣手"的架子，耐心地教大家。不过有时他常拍拍机枪，对着别人叹息："咱们这边，就这玩意儿太少，再多一点儿，再有大炮、坦克、飞机，那……"话

△ 王克勤在群众会上

　　说到这里，听的人就明白了：他还嫌这儿的武器差。班长和老同志跟他谈，打仗不光靠武器，首先要靠我们有觉悟的人。再说今天我们的机枪少，明天就多了；现在我们没有坦克、飞机，以后会有的。同志们还给他讲红军和八路军的故事。他听着，眯起眼睛，憨直地笑着。

　　在全连官兵阶级觉悟普遍提高的基础上，全连展开了轰轰烈烈的练兵运动。当时连队官兵只熟悉山地作战，不熟悉平原作战，不善于土工作业，不会使用新缴获的苏式、美式武器，为了解决战术和技术问题，连队决定发动集体的力量。此时，王克勤的才能得到了充分发挥。

他首先协助班长在班内组织了练兵互助小组，带动其他解放战士，边讲解边做示范，手把手地教大家如何使用苏式手枪和美式冲锋枪，如何进行挖战壕、筑地堡、修筑防御工事等。

王克勤手上、脚上磨起了血泡也从不吱声，在他的带领下，全班很快学会和掌握了使用新式武器和土工作业技能。

连队领导发现后，及时将王克勤提出的练兵互助小组和互教互学方法在全连推广，很快掀起了练兵热潮。经过一个月的练兵运动，全连指战员的战术技术水平大有提高。王克勤在练兵中不怕苦、不怕累的积极带头作用得到了同志们的一致称赞，受到了连队领导的表扬。为此，他受到了极大的鼓舞，在以后的工作中表现得更为突出。

➡ 大杨湖战斗

★★★★★

（26 岁）

　　1946 年 8 月，陇海战役打响了，这是王克勤等许多新解放战士参加我军以来打的第一仗。

　　冲锋号响了，我军党员、干部们像往常一样，带头冲杀在最前面。不少解放战士却迟迟不前，王克勤也呆住了，机枪也忘了打。一些冲在最前面的党员、干部有的光荣负伤，有的壮烈牺牲，连长和指导员立刻又带着第二梯队毫不犹豫地扑了上去。突然，王克勤"砰"地一声抱着机枪站了起来，向躲在后面的解放战士高声喊道："冲啊！"于是大家都勇猛地冲了上去。战斗的后一阶段，王克勤发挥了那挺机枪的最大威力，有时地形阻碍了他，他便抱起机枪站直了身子射击，敌人一逃跑，他便抱着机枪一面追赶一面扫射，打得敌人哇哇乱叫。

这一仗全歼了守城的敌人。仅六纵队，就俘虏了两千五百多人，缴获坦克十一辆，各种炮二百多门。王克勤在战斗中表现很好，他的那挺机枪，枪筒都打红了，也没中断射击。

战斗结束后，营、连领导表扬了王克勤，他却难过得哭了起来说："我对不起开始冲锋时那些伤亡的同志……"直到这时，王克勤终于从思想上解开了为什么人民解放军能以劣势装备战胜优势敌人的思想疙瘩。

王克勤来到解放军部队后，亲眼看到了人民军队官兵和睦、军民一家的情景，和国民党反动军队相比，简直生活在两个世界。在国民党军队当兵，过着牛马不如的生活，那些当官的过着老爷一般的生活，而对手下的士兵像奴仆一样呼来唤去，稍不如意非打即骂，当官的还经常克扣军饷，想方设法在穷当兵的身上刮油水，他们的心和地主老财一样黑。可现在来到人民的军队里，官兵平等，大家在一口锅里吃饭，在一铺炕上睡觉，干部从来不摆架子，对待士兵亲如兄弟，打起仗来身先士卒，领着大家向前冲，哪像国民党的官老爷们，一打仗就拿着枪逼着士兵冲在前面去送死，要不是为了活命，混口饭吃，这样的军队，谁会愿意为他们拼命？王克勤深深知道老百姓非常痛恨国民党的官兵，把国民党的兵看做和土匪一样奸掳烧杀，无恶不作。而人民解放军纪律严明，和老百姓打成一片，帮老百姓搞生产，打倒剥削欺压人民的地主老财，为翻身解放的农民分田地，这样为人民打仗的军队，哪个老百姓不打心眼里爱戴？解放区的农民有了土地，能吃饱饭了，一个个都有说有笑，干劲儿十足。王克勤又想到他那仍在国民党政府黑暗统治下的家乡，那里被地主老财欺压得抬不起头来的贫苦乡亲，想到他至今杳无音讯的孤苦的母亲和弟弟，这个五尺高的大汉，不由得黯然神伤。同时他心里也暗暗发誓：一定要在军队中好好干下去，牺牲了也是光荣的。

这时，武效贤找到他，想鼓励一番，谁知他一见教导员，就紧抓住教导员的手，喃喃地说："教导员，我对不起你，对不起指导员和连长，对不起……"他哭了。武效贤愣住了，问他发生了什么事，他说："诉苦以后，我懂得了谁是仇人，谁是亲人，我决心好好干下去。可是，这次打仗以前，我还怕打不过他们。直到冲锋号响的时候，我还在胡思乱想。"

武效贤笑了，并鼓励他说："你是机枪圣手，为人民立下了第一功！"

王克勤说："从前在反动派那边，他们说八路军打仗，全让俘虏挡头阵。今天，我才看清楚，全是造谣。"他满脸涨红，嘴唇发抖："枪一响，班长、排长、连长、指导员都领头冲，这样，咱们怎么会打败仗……"

这天，不爱说话的王克勤和武效贤谈了很多。谈过去，谈现在，也谈将来。他最后和武效贤说："教导员，人心都是肉长的，我要重新做人！"这话，是从心底发出的。

从这以后，王克勤大大变了样：爱说爱笑了；驻军的时候抢着干活、学文化；行军的时候机枪不下肩，还帮别人扛背包，背米袋……班里补充了新战士，班长吩咐他去帮助。他教新战士使机枪，向他们讲自己解放过来前后的思想变化，用现身说法提高新战士的觉悟。

一天，他突然找到教导员，问道："教导员，像我这样的人，能做共产党员吗？"教导员紧握住他的手说："你将来一定可以成为一个共产党员的。"

在人民军队光辉的旗帜指引下，在正义力量的感召下，王克勤这个曾经迷惘的浪子觉醒了，他终于找到了可以终生为之奋斗的方向。

真心英雄

➜ 创造互助组

（26岁）

王克勤思想问题解决以后，精神焕发。他工作积极主动，尊重领导，帮助同志。他作战勇敢，技术熟练，轻机枪打得特别好。在大杨湖战斗中，一连领导任命他为副班长，大杨湖作战胜利后，连队伤亡较大，骨干减少，他被提升为班长。

王克勤入伍不到一年就提升为班长，这在他内心深处产生了极大的震动。他在国民党军队里干了四年，还是个兵。作为一个俘虏，不但没有受到歧视，而且还论功提拔如此信任，这是他万万没想到的。他真实地感受到解放军政策好，说的做的完全一样。这不仅使他进一步认识到"解放军才是咱自己的军队"，而且很想当一名光荣的共产党员。

1946 年 10 月，一连党支部送到营总支一份"入党申请书"，在申请书上工工整整地写着："王克勤"。营总支一致通过了王克勤的入党请求。

王克勤入党之后，就立誓做一个献身人民事业的革命战士，决心为党、为人民军队带好这个班。但他这个班长马上面临着一个部队里其他将领同样面临的难题。

全国解放战争开始后，随着战局的进展，部队的成分发生很大变化。战斗班的老骨干相对减少，大量从解放区入伍的新兵和从国民党俘虏参军的"解放战士"数量增大。在这种情况下，怎样使三部分成分紧密结合起来，迅速形成战斗力，是一个迫切需要解决的问题。

这三部分成分的具体特点是：老战士一般是党员，觉悟高，是骨干；解放区入伍的新兵热情高，但缺乏军事技术；"解放战士"有一定的军事技术和作战经验，但虽然经过阶级教育，思想尚不稳定，有的还沾染有旧军队的习气。三部分怎样结合呢？

这是一个困扰我军的难题，直接关系到我军在未来战争中的形势，甚至关系到解放战争的胜败。当然，这也是困扰着部队中每一个将领的难题。作为班长的王克勤，意识到了这个致命的难题，怎样提高这个成分复杂集体的战斗力，是摆在王克勤目前的一个障碍，是一个他急需解决的问题。

王克勤受解放区组织农业生产互助组的启发，第一个创建了互助组。部队从豫西向鲁西南进军时也开展过互助运动，但在班里组织互助组却是王克勤首先提出的。

他提出了"在家靠父母，革命靠互助"的响亮口号。团结互助活动的内容是"思想互助、技术互助、生活互助"。活动形式是在班里建立互助小组。

"思想互助"的主要办法是开展以诉苦活动为主要内容的思想政治工作。王克勤总是带头用自己的苦难家史来教育班里的同志，并体贴入微地关心每一个战士。班里形成了互相关心主动做思想工作的氛围；"技术互助"主要是在班内开展互教互学活动，以老带新，官兵互教，兵兵相教。他自己则毫无保留地将各种机枪的分解组合及射击技术、敌火下运动等战术动作教给每一个同志，并"边教边比划"，效果极好；"生活互助"开始也称"体力互助"，就是在训练、行军、作战中，以强带弱，互相关心，互助爱护。

互助小组的建立采取民主办法，自由结合，民主选举组长。互助小组根据教育训练和执行任务情况灵活变更，有训练中的互助组，行军中的互助组，战斗中的互助组。训练时，由技术好的当组长；行军时，由体力强的当组长；战斗时，由勇敢与技术全面的当组长。班长和副班长参加到各小组中去，小组长在班长指挥下发挥作用，在战斗中与班长保持联络，指挥小组战斗，在班长、副班长牺牲时担任班长、副班长代理人，继续指挥全班战斗。

这样做，不管俘虏兵还是从解放区入伍的新兵，一到部队便受到最有效的阶级教育，树立为人民扛枪打仗的思想。通过以老带新的办法，短时间内便掌握了军事技术。这种办法，有效地解决了基层三种成分的团结问题，解决了战斗频繁与教育训练跟不上的矛盾，基本上达到了兵员随补随战。

王克勤"三大互助"的带兵方法，发挥了班内每个成员的积极性，思想工作与军事训练都得到落实，提高了凝聚力和战斗力。

➔ 思想互助

★★★★★

（26岁）

王克勤经常对战士们讲："中国有句老话，叫做'在家靠父母，出门靠朋友'。现在这句话可以改成'在家靠父母，革命靠互助'。我们要亲密团结，互相帮助，取长补短，共同进步。"

　　王克勤做思想工作成功的基础，首先在于，他从不在战士面前摆领导架子，对战士像朋友一样交心，在生活上，像一个兄长一样体贴照顾每一个战友。战士每取得一点进步，他都及时表扬。

　　王克勤说到做到，首先在生活上多关心新战士，想办法解决他们的困难。而且思想工作做得好、做得细。

△ 王克勤正在讲话

△ 新战士刚到部队，王克勤带头诉说过去的苦难身世，启发大家的阶级觉悟，在此基础上开展立功活动。

新战士刚到部队，不仅生活不习惯，几乎连话都不敢讲。王克勤就组织全班集体汇报，让大家提意见，练习讲话，把自己过去的经历都给大家讲一讲。他首先带头讲，给新战士讲他过去受奴役受压迫的穷苦生活，讲他在国民党部队里受到不公正的待遇，讲解放军待他如何好。他讲完了，副班长陶武英也接着说："我家在河北广宗县，家里没有一个人了（话未说完，眼泪就落下来了），从小就随着父母讨饭过日子，后来俺爹娘都饿死了，日本人来了把我抓去做苦工，后来在保安队上混了两年，打临城的时候，我才投到八路军这儿来。"

杜双建是生活在解放区的新战士，曾在皇协军里干过，他说："我过去虽然干过反动事，但政府能原谅我。来之前村长还跟我说：'家里有啥困难，村里给想办法，你好好在队伍上干。'"

这时，不爱说话的白志学也抢着说："我参军的时候，村长答应帮我把家里的宅子修好，送了我 1000 块钱路费，分给我地我不要，我家里有八亩地够用了。"

新同志一个个说完以后，王克勤若有所思地说："你们家在解放区真好，你们参军就是打老蒋，保卫解放区，什么时候咱家也变成解放区，世界就太平了。"

新战士白志学是清丰县人，他参军时，他妈哭着不让他出来，到部队后，他老是挂念家里。别人出操，他睡觉，对部队生活不习惯，王克勤发现他情绪不高，问他是不是想家，他低头不语。王克勤心里明白了，请人为白志学写了封家信回去。但是他下操回来以后，还是去睡觉。

王克勤就去找白志学的老乡杜双建，说："我看白志学这几天闷闷不乐，是想家了，我们劝过他，不起作用，你跟他是老乡，你去找他说说，他这样总闷着不好。"

杜双建就去找白志学谈："班长和老同志对咱们这样好，看你这没精打采的，老睡觉，怎么对得起他们。"杜双建接着又说："你出来打老蒋，参军的劲头都到哪里去了？咱们班长在中央军干过，打仗有办法，有咱班长指挥，保险没事。"

经过这样一番谈话以后，白志学当天情绪就转过来了，演习动作很卖力。下操以后王克勤又单独教了他半个钟头，并且鼓励他说："只要你安心学，我一定把你教会，没有教不会的兵。"

晚上汇报，王克勤又特地表扬了他一番。

王克勤对落后战士从不加以任何歧视，也不加以粗暴的斥责和谩骂。他注重启发战士的觉悟。

有一次，一个新战士想家开了小差，走到半路感到对不起班长，又自动回来了。王克勤嘱咐

△ 野外演习

班里的同志 :"谁也不准对他说一句讽刺话。"

王克勤耐心地找这个战士谈话,进行教育,让他不要难过,有错改了就好。这个战士感动地说:"班长,我错了。这实在想家,一时糊涂开了小差。我朝家走了一天,越走越觉得不对,想想我家的苦,看看你和同志们对我的帮助,我真对不起你。我错了,你批评处分我吧!" 王克勤安慰地说 :"别难过了,大家都盼你能回来。你想想,我们不拿枪杆子打倒蒋介石,哪里会有我们的家? 你就是回了家,那些地主、保长害人虫能放过你吗? " 王克勤的话感动得这个战士蒙住被子呜呜地哭了起来。

有些解放入伍的战士看到这种情景,都说 :"班长一个心眼引导咱们往革命路上走,谁再三心二意就对不起共产党,对不起毛主席。"这个战士不识字,王克勤还帮他写家信,鼓励他好好干,这个战士后来表现很好。

王克勤很关心战士的疾苦,谁有病了,他端水送饭,煮面条汤,用自己有限的津贴费买鸡蛋煮给病号吃。战士们很感动,有的说 :"家里父母也没有照顾得这样周到。"

王克勤说的话,句句在理;做的事,事事关情。这样的班长,战士们打心眼里敬服他。思想上沟通好了,其他的事情就容易解决了。

→ 技术互助

　　刚补充到班里的新战士，马上要上前线打仗，可是他们之前连枪都没摸过，必须想办法让他们尽快学会使用枪支，突击军事学习，这是王克勤对新战士重点要抓的工作。

　　王克勤所带的班是机枪班，有苏式、日式机枪两挺，他首先教新战士爱护武器，王克勤经常对他们说："你平时不爱护它，打仗它就不爱护你。"他要大家不要用汗手去摸，不要用脏布擦枪。平时他的枪擦得特别干净，三天一小擦，七天一大擦，他到八路军以后，打了几次仗，机枪从没发生过故障。他突击了一个星期，全班的新战士都学会了苏式、日式机枪的拆卸、装置与使用，有人还会排除故障。

王克勤利用行军间隙把自己掌握的军事技术和作战经验传给班里同志。他的训练方法很好，他注重实战运用，边讲边做，使新战士感觉好懂好学。他讲解和示范后，让互助组带着新战士练习。

　　此外，他还教新战士利用地形、地物、挖机枪阵地以及敌火下运动等等。新战士在他的正确指导下，学习的劲头都很大，谁也不甘心落后，没有提出比赛，大家都暗暗地加油，杜双建说："班

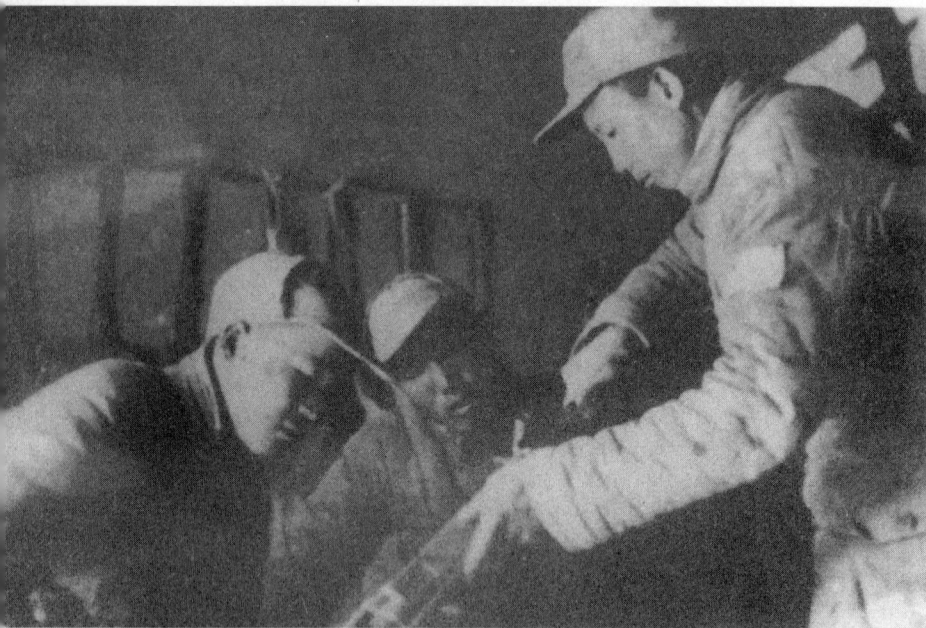

△ 1946年11月鄄城任庄战斗后，王克勤教新战士学习苏式轻机枪分解组合。

△王克勤班（前排）在刺杀训练中

长教咱们这一套，保险能用得上。"

　　每次作战前，战士们要订作战计划。老战士都会制订自己的计划，主要是：（一）多缴敌人枪支；（二）多捉俘虏，不搜腰包，对俘虏要好好解释；（三）轻伤不下火线，重伤不叫唤；（四）不管敌人炮火如何强烈，都要掩护步兵冲锋……新战士不知怎样制订计划，白志学说："老同志和俺班长经验多，在战场上要多告诉我们，我们一定要听指挥。"后来新战士在老战士的帮助下也个个制订了个人计划，还按了手印。王克勤叮

△ 王克勤把军事技术一点一滴地教给新战士，不厌其烦地纠正他们的动作，从没发过脾气。

嘱大家："咱们组织好战斗互助组，组长要保证不失去联络，大家要听组长的招呼，我要是牺牲了，你们听副班长指挥，副班长牺牲了，就叫互助组长指挥，谁挂了彩要互救互助，不能丢下一个同志。"

王克勤常对战士说："平是多流汗，战时少流血。我们为了打死敌人，不是叫敌人打死我们。"开战前，他带领全班选好地形挖工事，作好充足的准备。

敌人炮弹打来的时候，新战士因为害怕又没有经验，老是本能地想跑到另一个地方，王克勤告诉大家："同志们不要跑，炮弹第一次打到哪里，第二次绝对不打到哪里，你一跑刚好赶上炮弹。"他一听炮弹出口，就立即叫大家趴下不要动，他对大家说："我的机枪一响，你们就赶快到工事里去隐蔽，因为知道这里有机枪，敌人就要打炮。"他总要挖两个预备工事，这里打一阵枪，马上就转到另一个工事里去打，敌人把工事打垮

△ 王克勤班的投弹训练

了，他马上又去挖工事，把指挥任务交给组长。

在阵地里，班长负责指挥，互助组长负责联络，从这一阵地到那一阵地，晚上用投土块的方法，白天就用打手势联络。前进时，班长先走，后面一个个跟上前进；往后撤时，战士们先一个个回来，班长在最后面。这时组长照顾一组人，不准一个掉队。

王克勤看见敌人穿着白衣服冲了过来，他马上给战士讲："敌人穿白衣服给飞机指目标，我们越是接近敌人，飞机也就炸不着我们。"

敌人吹冲锋号新战士有些发慌，敌人一连吹好几次未见冲上来，王克勤马上告诉战士们："敌人不敢拼刺刀，我们把手榴弹准备好。"

王克勤不仅在班里进行思想互助，又扩展到军事互助，他运用这种方法在一星期内使全班新同志学会了苏式、日式两种机枪拆卸安装、排除故障、射击要领。还学会了利用地形地物、土工作业和敌火下运动。新同志有了技术，增强了打仗的勇气和信心。这样，整个队伍的战斗力就大大提高了。

→ 生活互助

（26 岁）

王克勤入党以后，更加严格要求自己，特别是当了班长以后，处处以身作则。对班里补进的四个新战士杜双建、白志学、杨学保、卢守坤体贴入微，耐心帮助。

补兵那天下雨，王克勤同副班长陶武英、老战士赵青年出来迎接。他拉着新战士的手说："你们可来啦！我们等你们好几天了。"他们收拾好房子，烧好开水，借了被子和棉袄，将新战士衣服替换下来烤干。为了对新战士表示欢迎，他特意从伙房领回白面、肉和菜包饺子。

王克勤对战士总是态度和蔼，不急不火。他亲自给新同志端洗脸水、洗脚水，问寒问暖，亲如兄弟。

△ 王克勤班在堑壕中吃饭

　　新战士报名参军的时候，都是雄心勃勃、斗志昂扬的，到了部队后，部队军事化生活一时难以适应。比如吃饭，本来军队里伙食比在家当农民时还要好，但是花样少，天天吃一样的。在家里还能端上碗夹两根大葱到街头巷尾去边谈边吃，可在部队里那是绝对不行的。王克勤向他们解释，军队生活不能像在家里一样，慢慢就习惯了。同时，他也更多地考虑他们的感受，比如说新战士不愿把新军装穿在外面，那么就把旧衣服借给他们穿，或者送给他们。

1946年10月，国民党军"王牌"十一师北犯，妄图打通济（宁）菏（泽）公路，进攻我鲁西南解放区。十八旅迅速集结在巨野县龙固集、张凤集一带，王克勤所在的一营奉命在徐庄阻击敌人。这就是史上有名的"龙凤战役"。

部队接受任务参加战役，当天就要出发。

这对王克勤来说是一个很大的考验。他虽

△ 战士杨学保把家乡翻身的喜讯告诉王克勤和战友们，让大家分享一份快乐。

然军事技术好，有作战经验，但对如何按解放军的规矩领导这个班却没有一点经验，况且马上要带领这些没有实战经验的新战士去行军作战呢？

王克勤马上召集大家开会，对马上开始的行军作了动员。

他根据新老兵军事技术的高低、体力强弱情况，将全班七个人组成两个互助组。第一组是赵青年、白志学、杨学保和他，选赵青年为组长。第二组是杜双建、卢守坤和副班长陶武英，选

△ 王克勤班在行军中

△ 王克勤班在行军途中互相帮助，前第一人为继任班长张太平。

杜双建为组长。他向各组提了行军中进行互助的要求，特别提出老同志帮助新同志克服困难。

出发后不久，东北方雷电交加，天黑得伸手不见五指，瓢泼大雨很快浇了下来。王克勤的互助组这时发挥了作用。一路上互助组很活跃，机枪和一些较重的器械全由王克勤、陶武英和赵青年三个老兵扛。尽管如此，在家从不走夜路的新战士行军还是很困难。

王克勤的肩上除了那挺机枪外，又加了两个背包、一支步枪和一条干粮袋。战士向他夺，他都不肯放。教导员劝他："王克勤，你团结互助的精神很好，可不要把自己累垮哟！"他憨直地笑笑说："教导员，你就放心吧，给我一门山炮，我也驮得动。"说得全班人哈哈笑。他不笑，却认真地说："不信，下次战斗你们谁夺一门山炮来，我准驮给你们看看！"

天下着大雨，衣服打湿了，泥水渗进鞋袜内，走起来滑溜溜的，卢守坤的鞋子陷进泥里找不到了，王克勤把自己的鞋脱下，给卢守坤穿上。卢守坤感动得直揉眼，问他："班长，你怎么办呢？"他笑笑说："我从小习惯了，打着赤脚走起路来更得劲儿！"他又用事先准备的鞋带给新战士捆脚。当新战士走得筋疲力尽时，王克勤把挎包内的饺子拿出来给他们吃。经过一夜冒雨行军，全班没有一个人掉队，王克勤心里非常高兴。

新战士白志学，长得又矮又瘦，又生了疥疮，有的战士不愿意和他接触。连续行军，两天拖下来，一到宿营地，他一下子倒在床上，捂着头哭起来。有的战士对白志学皱眉头，说他是"少爷兵"。王克勤听了，把说讽刺话的战士叫到一旁问："你刚来的时候，老同志是怎么对待你的？"问得那个战士脸红了。王克勤又说："往后，不准说那话。你也算老同志了，该拿出个老同志的样。"他亲自请了卫生员来给白志学看病，替他洗疮口、换药。白志学感动得哭着说："班长，你待我比亲兄弟都好！"王克勤说："连长、教导员常讲，咱们革命同志都是亲兄弟。我刚来的时候，比你差劲儿多了。"第二天行军，白志学咬牙坚持，说什么也不让王克勤替他背枪了。

　　快接近敌人的时候，王克勤提醒战士们注意两件事：一是保守秘密，走路不要发出响声，要咳嗽咬着袖口慢慢地一点一点地咳，坐下休息时，就用手在地上刨一个小窝，把嘴巴贴近窝里咳嗽，身上背的东西，不要弄出响动；二是不要失去联络，不要掉队，一个个跟紧，万一看不见，就投土块，互助组长要负责任。那天夜里黑得伸手不见五指，路上还非常泥泞，王克勤为了防止新兵掉队，他借了老百姓一根绳子，他在前面，副班长殿后，用绳子一个拉一个走，有跌倒的，互助组的同志就马上把他扶起来再走，时间一点没有耽误。两挺机枪完全由副班长老战士扛，容易发生响声的东西，也是老战士背，新战士只背些子弹，他们有时也抢着扛一下机枪，但速度加快或者过水路时，老战士又背走了。

　　王克勤"三大互助"的带兵方法在随后的龙凤战役（即徐庄战斗）中显现了它巨大的优越性，部队的战斗力得到大大的提升，并且也是在这次战斗中，王克勤的"三大互助"得到上级领导机关高度重视。

→ 龙凤战役

★★★★★

（26岁）

1946年10月5日，龙凤战役打响了。

王克勤奉命带领一个班，守在徐庄东南角的一个险要阵地上。一营于10月5日夜进占徐庄。由于情况变化，一营由进攻转为防御。10月6日，敌第十一师集中兵力向徐庄展开猛烈进攻，六架飞机轮番轰炸，一营打得英勇顽强，尤其王克勤班打得十分出色。

这是王克勤率领全班打的第一场战役，考验的时刻到了！

当时王克勤班里只有三个老兵，四个不到一周的新兵。王克勤充分利用自己的军事技术和作战经验，在班里展开互助活动。他们挖了主工事，又挖了预备工事，挖射击工事，还挖了掩蔽工事。

天亮以后，敌人攻击开始，他们班的阵地，成了敌人主要的攻击目标之一。敌人先是用飞机轰炸，然后再用大炮轮番轰。敌人在飞机和大炮的掩护下像羊群一样，密密麻麻地拥上来。王克勤面对数倍于自己的敌人，面对空中的飞机和地面的大炮，他没有慌，而是镇定自若地指挥全班战士，他告诉大家把敌人放到最有效射击距离时才打，敌人冲锋时，他带领同志们静静地等着，直到敌人进入有效射程内再狠狠地打。他告诉同志们，越接近敌人，危险越小，敌人怕打着自己人，火力会向纵深延伸，有利于我们用刺刀、手榴弹消灭他们。

在王克勤正确指挥下，坚决不让敌人前进一步。敌人攻上来，垮下去，又攻上来，又垮下去。从早到晚，敌人攻了十几次，而王克勤所带领的那个班，竟像钉子一样，牢牢地钉在阵地上。敌人的尸体，横七竖八，倒了一片。

新战士在他的带领下胆子也大了，要求班长把机枪交给他们打。原来比较胆小的白志学，这时表现很勇敢，他投的手榴弹最多，隔着几丈多高的房子投弹，炸得敌人哇哇乱叫，他一个打死三十多个敌人。敌人一发炮弹打在一个老太太的房上，把房子炸塌，老太太负了伤直哭。白志学跑过去把她背到安全地方，老太太不放心家里的一点米面，白志学又把她的米罐面罐搬过来放在老太太身边。

更令人惊叹的是，由于王克勤把全班组织得好，战斗互助

△ 王克勤带领新战士进行战场近迫作业训练

好，工事做得好，战斗灵活机动，打了一天，全班无一伤亡。王克勤简直创造了奇迹！连指挥所里的指战员们也不由得为他们暗暗叫好。

夜里，一营协同友邻，利用王克勤所在的这个有利阵地，把敌人最后一次冲锋反击下去了。

战斗结束后，王克勤及他所带的班，由于

在战斗中表现突出，受到上级领导的表扬和嘉奖。王克勤这个班被评为模范班。王克勤被评为互助模范和杀敌英雄。全班出现了四个英雄模范。其中的一个就是新战士白志学，当他受到表扬时，他不好意思地说："都是我们班长好！我刚上阵，连工事都不会挖，是班长手把手教的。我放头一枪，连枪栓都拉不开，也是班长

△ 王克勤班的战士们欣喜地看从晋察冀寄来的贺功信

把着手教的。”全班战士，把功劳都归于他们的好班长。这次战役之后，王克勤的名字响遍全军。王克勤本人不仅成了全军著名的战斗英雄，还由班长被提升为排长。

王克勤的名字，上了《解放日报》。在一篇题为《普遍开展王克勤运动》的社论中指出：“党的教育，使王克勤从一个蒋介石手下的愚昧的奴隶，转而与广大人民相结合，很快地变成一员智、仁、勇全备的人民战士。”社论号召全军学习他：战斗与训练、技术与勇敢相结合的榜样。

→ “王克勤运动”

★★★★★

（26岁）

徐庄战斗使王克勤“三大互助”带兵方法得到了重视。当时部队正贯彻上级关于恢复古田会议决议精神，走群众路线的学习。

△ 王克勤排在练兵中开展竞赛，看谁"坐飞机"。

十八旅觉得王克勤创造的"三大互助"活动，正体现了群众在战争实践中的创造，决定率先在全旅推广王克勤的带兵方法。全旅基层班一级均建立两到三个互助组。

第六纵队党委领导机关及时发现并总结了王克勤这个典型的先进事迹和经验，当时归纳为这样几条：

（一）开展思想互助。王克勤像亲兄弟一样

关心全班同志，同志们有了思想问题，他总是不厌其烦地进行教育解释和鼓励安慰。班里补来新战士后，他运用诉苦运动的经验，组织全班同志互相介绍经历，以自己所受反动统治的痛苦和到人民军队后进步的过程来启发大家的觉悟。在他的诱导下，老战士讲我军的光荣传统，新战士介绍党的土改政策和土改后农村的新面貌，解放战士诉说蒋管区的黑暗统治以及在蒋军受压迫的情形。通过这种互相介绍、互相教育，深深激发了大家的阶级感情，提高了全班同志的阶级觉悟，使大家彼此了解，更加团结。

（二）进行生活互助。王克勤向全班同志提出了"在家靠父母，革命靠互助"的口号，教育鼓励大家互相学习，取长补短，彼此帮助。他结合每个同志的特点、觉悟程度、技术水平、作战经验、体质条件，采取领导确定和自愿结合的方法，把全班组成几个互助组，这样三四个人一组，生活上利于互相关照；行军练兵时便于互助互学；战斗时能互相鼓动和支援，也便于班长组织指挥，显示了很大的优越性。

（三）组织技术互助。平时，王克勤抓紧时间组织大家练技术、教战术，使后来的新战士在不到一个月的时间内，就可以熟练地使用班里的两挺机枪。在战斗中，他边打边教，使大家能正确地利用地形地物，并根据敌人的攻防特点，及时改变战术。在"干革命靠互助"的号召下，有效地把新参军的翻身农民和解放战士，亲密结合起来。因此全班同志打起仗来，有

△ 王克勤班合影，前排左一为王克勤。

勇有谋，信心十足，不仅歼灭了敌人，出色地完成了任务，而且还保存了自己。

第六纵队决定在全队开展"王克勤运动"，要求每个班均建立起两个到三个互助小组。从那以后，部队官兵积极性大大得到了提高，练兵打仗个个踊跃争先，部队战斗力提高了，凝聚力增强了，几乎杜绝了逃亡现象，打仗伤亡也减少了。

为了推动"王克勤运动"的深入开展，纵队

机关组织有关人员，深入五十二团调查研究，总结经验，连续写出几篇报道王克勤事迹的通讯、消息，刊登在晋冀鲁豫野战军机关报——《战友报》上。野战军文工团和六纵队文工团的同志还编演了歌剧《王克勤班》，到部队中巡回宣传演出。这样，王克勤的事迹和王克勤班的经验，很快就在六纵以至晋冀鲁豫野战军中推广开了。

第六纵队在全纵开展"王克勤运动"的消息，很快反馈到晋冀鲁豫军区，首先得到副政委兼政治部主任张际春的肯定，刘伯承司令员、邓小平政委得知后，非常重视，大力支持。他们指出，王克勤班开展的团结互助活动，是适应战斗需要和部队情况应运而生的一个典型，是广大战士高度的政治觉悟和革命友爱精神相结合的产物，对巩固和提高部队战斗力有着极大的意义。11月，晋冀鲁豫野战军政治部发文，要求所属部队广泛开展"王克勤运动"。

1946年12月10日，中共中央机关报延安《解放日报》发表社论《普遍开展王克勤运动》。社论高度评价王克勤"为中国人民解放事业创造了新的光荣的范例"，"希望全解放区的军民，都能按照当前自己的条件，选择自己的典型，来普遍有力地推行这一运动"。把王克勤的经验推广到全军，有力地促进了部队的建设，军委曾一度把班的互助组写入战斗条令，互助组成了战斗队形的一种组织形式。

中共中央机关报《解放日报》社论的发表，把"王克勤运

动推向一个高潮"，在全国各个战场的人民解放
军中普遍地开展起来。

他们通过各自的手段，转载社论，刊登事迹，

△ 晋冀鲁豫边区政府《人民日报》关于部队开展"王克勤运动"的报道

涌现了很多学习王克勤的战斗英雄和模范人物，对保证解放战争的胜利，起了很大的推动作用。

学习运动的开展，对王克勤这位英雄人物的进一步成长，也是个有力的鞭策、鼓舞和推动。他就曾接到过来自前方和后方的不少同志的信，表示对他的敬佩，表示向他学习，也有热情的赞誉和鼓励。

华东军大的一位名叫吴骅的同志，在信中这样写道：

我们从报纸上看到你被强迫当了国民党的兵，解放后成了我们人民军队的一个好战士，今天更是一个好干部。你这样进步，不但带领着你的排进步，也影响了整个被解放过来的兄弟。你的英勇果敢、你的耐心领导，很使我们感动。现在你的名字，又在我们这里传播着。我也接触过许多被解放过来的同志，他们在人民军队里第一次找到了出路，现在有许多跟在你的后边前进。我们希望在1947年报纸上，更多看到你的英勇杀敌，更多地看到你的大名！永远做刘伯承将军的好部下！永远做毛主席的好战士！向你致友爱虔诚的敬礼！

《解放日报》号召"开展王克勤运动"的社论，在冀鲁豫前线部队中已掀起热烈响应，王克勤所在的某野战兵团读到该报社论后，全体指战员及政工人员均引为无上光荣，纷纷研究这一社论，党委会立即决定把"王克勤运动"作为今后的连队工作方向。

二二六部队各小队派代表去祝贺，当代表们高呼口号涌到王克勤班门口，把祝贺信递到王克勤手中时，他感动得说不出话来。在随后举行的座谈会中，大家一致表示这是全部队的光荣，决不能自满，一定要培养和创造更多的王克勤班，来回答党中央的号召。代表李壮克说："我们班已把王克勤班讨论了两三次，决心要向王克勤班看齐，并希望王克勤同志多创造新的经验多帮助大家进步。"时任王克勤班班长张太平说："我能力很差，不及排长，我有决心把班带好，永远保持王克勤班的光荣传统。"副班长李铁茹表示："在这个班可光荣哩! 连毛主席都知道。"

前线部队抓紧战争间隙，深入开展王克勤的练兵互助运动，准备打更大的胜仗，为人民立功。

二三一四部队立功会上，有名的杀敌英雄张四子说："我过去立了一点儿功，但是我知道要立功，单枪匹马是不顶用的，我们要很好地互助起来，集体的力量才是最强大的。"

二三三部队广泛展开立功竞赛，各互助组都要和上官村战斗缴获战防炮的樊周钦组比赛。甲等杀敌英雄郑桂堂说："我们互助组都编好了，大家练兵磨刀很有劲儿，打仗时请上级一定给我突击任务。"某部提出的口号是："没有快刀就吃不到肥肉，没有本领就打不了胜仗。"该部一班王金坤同志，带领全班天不亮就到村外投炸弹。指导员外出小解，听到人声，跑过去一看，原来是某排的同志自动在操练，他感动得也立即加入了行列。新战士朱秋九累得喘不过气来，组长拉他歇歇，他装上厕所，跑到一边又投起炸弹来。

某部队在练兵开始后，根据各部汇报的经验，得到了互助练兵是最好的形式的结论。他们还要及时地座谈，交流经验体会。一次交流会上，一个互助组组长深有感触地说："互助练兵是最好的，我们班里十四人有六人技术不行，如果只靠班长副班长来教，就简直忙不过来，这次操练都是通过互助组来学习，组长是战士们自己选的，各组比赛，谁也不愿落后，所以学习很起劲儿。班内有五个战士不会瞄准和拆卸枪支，只用半天时间就全部学会了。有六个战士不会挖工事，一天就学会了。因为有了互助组，一个礼拜要学的课目四天就学得十分熟练。"

王克勤的带兵方法，实践证明是当时条件下最好的带兵方法，它最大可能地提高了部队官兵的凝聚力和战斗力。在当时历史背景下，它像一把开锁的钥匙，打开了通往胜利的大门。所以，它在解放战争中的价值是巨大的。

➔ "王克勤运动"的意义

★★★★★

（26岁）

"王克勤运动"标志着群众路线政治工作的新发展，它是把战斗互助、改造解放战士、教育新战士、发动革命英雄主义竞赛等政治工作深入到军队最基层组织（班）的一种运动，我们号召用开展"王克勤运动"来作为推动全盘工作的枢纽。

每个班长、排长、连长、指导员都应该学习王克勤及其他英雄模范人物，用自己的带头与向上作用，集中群众的智慧与创造，把群众团结在自己周围，去完成上级给予的任务，使本班、本排、本连都变成模范。

王克勤曾经说过："在国民党军队里，训练了两年的士兵，恐怕也未必能打，而我们一个月的新战士比他们两年的老兵还能打。"

这句话道出了蒋军致命的弱点，而另一方面，也道出了我们能取得胜利的根本所在。

王克勤非常善于团结新老战士，并能以最快的速度教会新战士学习技术和作战，这对于当时部队新成分不断扩大的情形来说，是有着特殊重要意义的。王克勤不仅对新战士生活上照顾周到，而且善于教育，在战场上细心照顾他们的安全，战士有了进步，就及时鼓励他们，凡事都能做到身先士卒，战士们对这样的干部打心眼儿里服气。

"王克勤运动"的开展，对改造从蒋军解放过来的新战士来说，对于号召蒋军士兵站到人民方面来说，也有很重要的意义。王克勤所走过的路，正是一个蒋军士兵到人民军队的自觉战士和光荣的指挥员的路，正是现在和将来成千上万的蒋军士兵所应当走的光明大道。

"王克勤运动"的意义在于教育我们部队把旺盛的政治情绪和军事技术及指挥艺术很好地结合，使我们的战斗力大大提高，转而保证了部队政治情绪饱满，给政治情绪打下坚实的物质基础。

开展"王克勤运动"，要在各部队中找出和培养自己的"王克勤"，加以发扬。这样的人在各部队中都会存在的，而且是可以培养出来的。

领导上应该十分重视发现与培养在作战中、练兵中及完成各项任务中的英雄模范人物（他们是群众所公认的），树立旗帜，号召大家向他们学习，向他们竞赛，以造成部队蓬蓬勃勃的朝气。过去许多经验更需珍视，如最近二二七部队在补充解放战士到连后，即以班为单位召开"介绍会"，老战士介绍我军情形，新战士讲述解放区情形、参军经过，这样一来，解放战士在介绍自己的时候，就很自然地控诉他们在蒋管区与国民党军队内所蒙受的无边苦难。诸如此类的经验，均应加以整理介绍，在某些同志中，还存在着对别人经验不虚心的态度，使工作走了不少弯路，更有少数同志对英雄模范人物，不是向他学习，而是嫉妒，这样都大大阻碍了自己的进步。当然，对一切经验我们不主张盲目崇拜，而是批判地接受。英雄模范人物也不是十全十美的，我们只是学习他的长处。

在开展"王克勤运动"中，对于王克勤班、排及本人要加以培养、教育、提高。培养应当是系统的，每次战斗之后，要帮助他们总结各方面的经验，一次比一次更加提高，对王克勤本人，应帮助他在政治上更加进步。对于英雄模范人物和典型单位，不能只有一时的表扬而没有经常的培养和提高，否则所谓英雄模范，只是昙花一现。

→ 战友心中的王克勤

★★★★★

（26—27 岁）

1946 年 12 月 20 日下午，在三六部队一小队队部的一座小房子里，官兵济济一堂，围在玉黍秸的火堆旁，虽然天气很冷，但大家发言非常热烈。

二班长王云首先抢着说："王克勤当班长后，对战士关心，对家属也很关心。有一回杜双建的哥哥和杜同顺的父亲来部队看望他们，王克勤用自己的钱买烟买豆腐，像招待自己亲人一样招待家属。"炮兵班副班长陶武英做补充发言："我从前和王克勤在一班，他当战士的时候对大家团结非常好，见到有人说不满意话，就主动解释，决不随着别人乱讲。他当班长，我当副班长，他常对我讲，咱班内同志多，睡觉时，咱们把好一点儿的位置让给战士们。难办的事咱们办，好办的事交给他们办。因此全班战士都拥护他。"

二班的互助组长赵清廉说："过去的二、三班各方面表现都一般，主要原因是班长的领导不民主，自从排长（王克勤）直接领导他们以后，个个积极性都很高，大家都憋着一股劲儿好好干。"

王克勤当了排长后，为了把全排的工作搞好，他便住到几乎全是新战士的第三班，加强班长（新战士）的领导，副班长王运太在三排代理过排副，他怕王运太思想上有包袱，想不开，就主动找他谈心：三班都是邢台一个村的新战士，让新战士里面的人当班长，这个队伍才好带，调他到三班当班副，并不是上级看不起他，希望他要多帮助班长，把三班带好。这样诚恳的谈心，使王运太放下了思想包袱，转变了工作态度。对新战士的学习指导，他最有耐心，一点一点地详详细细地教给他们，从不发脾气。他常跟手下的干部讲"发脾气不顶用"。在操场做动作时，他常和大家站在一起学，到必要的时候他才出来指点大家。战士们都感动地说："排长都跟咱们一起学，咱们要好好干啊！"空闲时候，新战士总是自动去学习，17 岁的殷秀，因为年龄小，没有给他枪，他就拿着玉黍秸当枪，在大家睡觉以后，偷偷地跑到院里去练习动作。

刚入伍的新战士不会着装，王克勤亲自给他们打绑腿、束皮带、捆被包，常常在夜间教他们练习着装。每天晚上睡觉前给新战士讲些东西，不多讲，只讲一件，为了不使大家厌倦，他讲了班长就不讲，或者班长讲了他就不讲。他又教大家每天在临睡前开 10 分钟的会，检讨、汇报一天的事情，开始时大家都觉得没啥说的，他就耐心地提醒大家，如：某同志和别人吵了架、集合迟到等等事情就应当说。慢慢地，战士们就知道该说什么，该怎么说了。现在，战士们都会检讨和汇报工作了，也锻炼了表达能力。

在教育新战士的工作上，王克勤的经验是：开始时抓紧就抓毛了。要不紧不慢，掌握好节奏。

他在给新战士开会时，首先动员老乡烧水给大家喝，又买纸烟和花生给大家吃，让大家说笑一会儿，唱一会儿，情绪放松了、愉悦了，气氛融洽了，然后再谈政治问题或工作和学习。开排务会也是这样，大家亲亲热热地像个大家庭。他不但把自己几年来积蓄的钱给大家买东西，连上级给他养病的钱也拿出来给大家用。

有一次，连里决定集体去看戏，三班正在包饺子，耽误了集合时间，饺子也没吃上，连长还训了三班一顿，大家都很郁闷。他向大家进行了解释，并派一个人在家照看饺子，到了戏台底下，他去买了二斤馍给大家充饥。还有一次连部分给排里两盒老百姓慰劳的烟，不够分配，他就暗地买了两盒补上，再发给大家。王克勤就是这样处处替大家着想，大家都很感动，劝他不要再买东西了，他却说："这钱是咱排的光荣钱，大家都应该用。"

行军时，他总是替大家扛枪，还一直背着小同志殷秀的被包，过河时，他先照顾殷秀过河去。白天行军，他就给大家讲笑话，和大家一起唱戏，大家高高兴兴走到目的地，也不觉得怎样疲劳。

为了减少大家在行军以后的疲劳，他把每一个班分成三个组，一个组支铺、找铺草，一个组烧水，一个组休息，轮流着干。为了借东西方便，他让每班选出一个头脑比较清楚会说话的人负责作宣传解释工作，平时发动大家帮助房东干活。军民关系搞得很好，向老百姓借东西、喝开水都很顺利。

王克勤很注意稳定大家的情绪，他常叫班长和互助组长多给大家讲穷人翻身的故事，因为战士们多半是穷苦农民出身，要使大家明白革命的意义。如果发现有的战士情绪不稳，他就去耐心地说服教育。由于他经常注意政治教育，所以在他排里总是正气占优势，几乎没发生过逃亡，特别是二、三班没有逃亡过一个人。

对新解放过来的战士，王克勤专门召集他们开会，买纸烟、花生请他们，拿自己亲身的经验去教育他们，经常关心他们是不是没钱花了，还有一些南方来的战士吃不惯小米，他想办法调理

真心英雄

伙食。鄄南战役解放过来的廖常南说："行军时，俺排长给我扛了好几回枪，又给了我们五六百块钱花，给袜子、鞋穿，他真关心我，常常向我问长问短的，他病了，一天还来看我们好几次。"

步枪一班长陈美林在蒋军三十军时，曾和王克勤同班，现在同连，他说王克勤过去脾气坏，到八路军后变得很和气。现在他病了，还是不断集合班长研究工作，到各班讲话。大家劝他好好养病，他说："我现在带了四个班，我也不愿落后，都要向一班学习。"行军时他总是走在后边，谁掉了队，就给谁背东西，战士任彦茹路上走不动，王克勤替他把枪支子弹都扛上。王克勤这样关心战士，所以新战士都愿意到他班去。机枪一班副李铁秀说："王排长常说管理教育，光发脾气是解决不了问题的，要靠说服教育。新战士反映我们排长没架子，行军跟战士一样背东西，当兵可难遇到这样一个排长。"

争着发言的人很多，王克勤值得大家学习的地方简直说不完。

最后二二六部队的副政委说："全国一百多万人民解放军，打仗比王克勤出色的很多，但要从新老战士团结互助、军民关系、官兵关系上像王克勤班这样出色的却不多，但今后一定会出现比王克勤班更好的，因此在开展"王克勤运动"中，切不可自满，要努力进步，假若一百万军队每个班都能像王克勤班那样，那蒋介石就一定垮得更快，今后从蒋军解放来的战士更要多，王克勤就是他们的榜样。王克勤就是今后连队工作的方向，大家要努力学习他。"

现在大家决心创造一个王克勤排,大家都说:"排长这回病了,咱们没有钱送给排长,排长还给我们买花生吃,咱们总得好好干,才对得起排长。"

毛主席说过:"一个人做一件好事并不难,难的是一辈子做好事。"

这一桩桩一件件平常小事,战士们如数家珍般记得那么清楚,说得那么感人,就仿佛是冬日里的一束束火把,照亮和温暖着战友们的心,激励他们奋勇前进。

王克勤无愧于他的"爱兵模范"的光荣称号!

营教导员于永贤满怀深情地向大家讲述了一件不为人知的往事:

1947年1月,王克勤所在部队转战亳州一带。那里离王克勤的家乡阜阳只有一两百公里。这勾起了王克勤对不知下落的母亲和弟弟的思念之情。一提起母亲和弟弟受的苦,王克勤不禁潸然泪下,十分悲痛。王克勤擦干泪后,对教导员和指导员林钦福说:"真是可惜呀,我的家乡还没解放。不然,我就可以把我参加了自己的军队、当

英雄、提干部的情况，把解放区人民翻身的喜讯
告诉母亲和弟弟了！"于教导员安慰他说："这一
天不会很远了。"

日思夜想的亲人就在眼前，多想回去看他

△ 1947年3月，王克勤在保卫延安誓师大会上表决心。

们一眼呀！然而他把对亲人的思念埋在心里，带领全排随部队越过陇海路和黄河，返回了解放区。

这件事充分证明了王克勤坚定的革命信念，以及一个优秀共产党所具备的严格的组织纪律性。

→ 英模风采

★★★★★

（27 岁）

1947 年 3 月 9 日上午，王克勤带着全副武装的 50 名英雄模范出席了三六部队第二届英模大会。

那天天空格外晴朗，风和日丽，街道上挤满了军队和民众，两旁每隔十几步远便安着桌子，上面堆放着花生、纸烟、酒壶，英雄们排着三路纵队从人群中穿过去，老乡们抢着给英雄们斟酒，摄影员忙着给英雄们摄

△ 荣立战功后的王克勤

影，留下他们英姿飒爽的身影。每隔三百米左右，
道旁列就着荷枪实弹的整齐的队伍，向通过的
英雄们敬礼，王克勤发出口令："向右——看！"
接着是口号声和嘹亮的军歌声，英雄们的刺刀在阳光下闪闪发光。路边的人们争先恐后，都想先看到英雄王克勤的风采。

　　王克勤所在连的全体战士迈着整齐的步伐，替王克勤开路，一直把他送到会场门口

△ 王克勤荣获的部分英模奖章

△ 王克勤在英模大会上

才回去。

　　大会在 9 点正式开幕了，当王克勤以主席团主席的资格登上主席台时，千百条视线立刻集中在闻名全国的英雄身上。会场响起热烈的掌声。王克勤精神抖擞地站起来，向全场庄重地敬了一个礼。王克勤在大会上号召大家："要坚决消灭蒋介石的军队，解放全国人民。"

大会中间休息的时候，一个小学校长跑来，请求王克勤去给全体教员和学生讲几句话，部队很快同意了这位校长的请求。

　　王克勤穿着一身洁净的棉军装，一踏进教室的门口，便被一阵热烈而长久的掌声送上讲台，台下黑压压的全是人，他们都怀着对英雄的仰慕心情，期待着一睹英雄的风采。

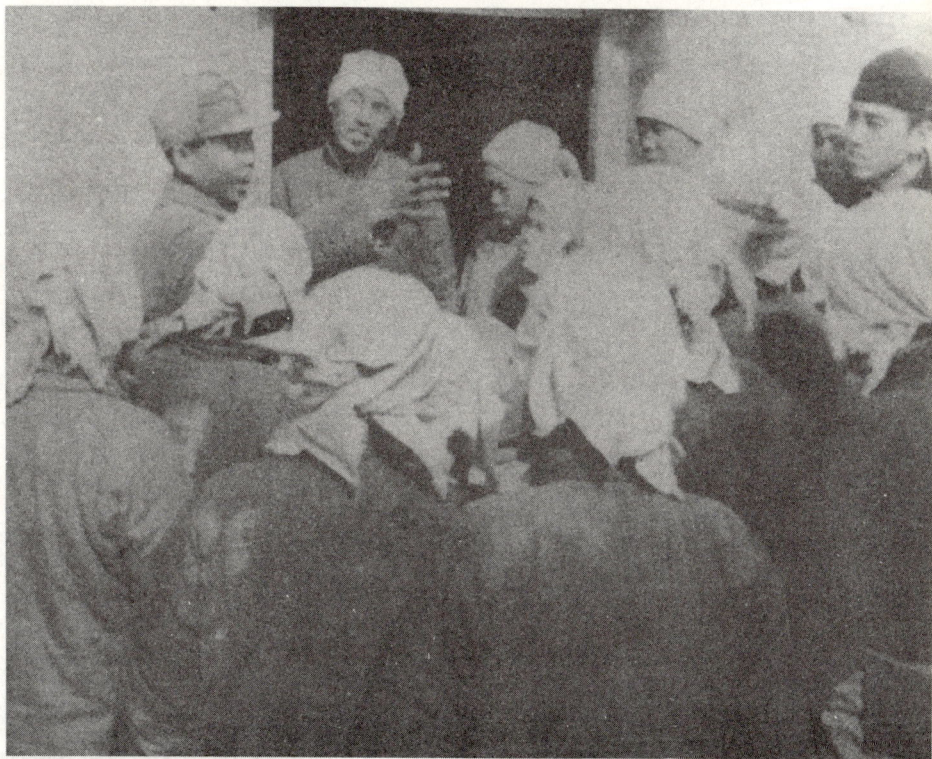

△ 王克勤在给大家讲战斗故事

王克勤讲话的时候，全场寂静无声，连平时爱捣蛋的孩子也睁大了眼睛注意地倾听着。从大杨湖歼灭战，到徐庄防御战，一个接一个生动的战斗故事，台下的人们都听入迷了。

王克勤讲完了，离开讲台，大家还不满足，跟到教室门外，把王克勤围得水泄不通，问长问短，看着这么热情的老师和孩子，王克勤真的不忍心离开。

从英模大会回到部队后，王克勤和战士们马上把一面大奖旗挂在寝室内的墙壁上，旗上书着"走王克勤方向"几个白色大字。在红缎的衬托下，闪着皎洁的光辉。从此，这座小屋子里开始热闹起来，本连的、别连的，还有周边的群众，你来我往，都跑来一睹英模风采和那面光辉的奖旗。

在荣誉的光圈里，王克勤并没有高兴得昏了头脑，更没有自高自大起来，而是进一步认识了自己的责任，变得更加虚心持重了。他表示："我比不上人家的地方还很多，人家的好经验，就是一点儿长处，咱也要学习，来提高自己。"在工作上更讲究务实，要用实际行动来证明一切。除此之外，他还意识到了学习文化的重要性，只要有空，他就看书读报。

除了自觉来摆正在荣誉面前的立场，王克勤还教育同志们如何对待荣誉。他常对大家说："个人立功不如帮助别人也立功更光荣。"

在班排里都建立起立功账，全排五天来一次评功、记功，班里一天一次。办法是：先召集组长谈，再向各班讨论，把通过的名单和事实，记在立功账上。全排同志都高兴地说："有点功都给记上，又详细，又民主。"

王克勤领导全排制订了互助立功计划，主要内容如下：

（一）作战有勇有谋，做到消灭敌人保存自己。

△ 全军开展"王克勤运动"后，王克勤更加虚心。他领导全排制订杀敌立功计划，表决心。他号召同志们好好磨刀，提高技术，只等刘司令员命令一下，咱排就冲上去消灭敌人，为人民立功！

（二）不违反战场纪律和群众纪律。

这个计划的成功在汤阴外围战斗中得到了证明。在汤阴外围战斗中，除了放哨的人以外，让大家都疏散隐蔽在工事里，机枪眼构成交叉火力，又湿了棉套堵住枪眼，只留一个小孔观察敌人。八天的警戒任务，王克勤昼夜不睡，一直在岗哨上监视敌人，因此更激发了同志们的积极性，组长王经书、战士卢士在敌人鹿砦十几米处警戒，两三天不让别人换，还单独打退敌人两次反扑。全排每夜都和敌人交火，但是没受一点儿损失，大家纷纷称赞排长王克勤："排长就是办法高！"

⊙→ 爱护百姓

★★★★★

（27岁）

王克勤经常向战士们讲："不拿老乡一

针一线，遵守群众纪律，要记住咱们是为了解放人民，不能损害人民一点儿利益。"他把互助活动带到了军民关系中，教育战士遵守群众纪律，搞好群众关系。住在群众家里时，帮助群众挑水、劈柴、打扫卫生，给小朋友讲战斗故事，教唱革命歌曲等，临走时，归还所借的东西，和群众握手告别。王克勤爱民的故事可不少，老百姓也爱戴王克勤这样的解放军好干部。

1946 年 10 月初的一天，王克勤发现阵地后面一个村庄烟雾弥漫，群众忙乱奔跑。他立即带领战士们组织群众转移。突然，他听到一座燃烧着的屋子里有呼救声，便不顾一切地冲了进去。当他把一个烧伤的妇女背出来时，房子倒塌了，他自己的头发全被烧焦了，脸部也被烧伤。

一次，二班给病号烧水、做饭用了房东的柴火。房东老太太看着心疼，又没好当面说。事后，她找到王克勤，吞吞吐吐地说："王排长，你们在这里住着挺好的，就只是有一点……"房东老太太不自然地笑了笑，剩下的半句话不好意思说了。

"你说吧，老太太，我们有错儿，一定要改的！"王克勤和悦地等待着老太太的回答。

"就是……就是……柴火有点……不宽敞。"她支支吾吾半天，王克勤终于听明白了她的来意。

"你的意见很正确，我们马上就改！"王克勤说完，就转去告诉二班以后给病号烧水、做饭去伙房拿柴，又去司务处拿了柴火还给房东老太太。

真心英雄

王克勤率全排奔赴汤阴前线时，行军途中路遇一座民房，民房里没有人，院子里、屋子里，到处都是乱七八糟的，简直没法住人。王克勤想：可能是老乡不明情况，一听说有当兵的要路过这里，就吓跑了。他带着战士们给老乡整理、打扫，把碗盆都洗刷干净，里里外外收拾一新。老乡回来一看，又惊又喜，也放下心了，感慨地对王克勤说："真没想到你们这些兵待老百姓这么好！"从此，老乡带着老老少少搬回来住了。

行军打仗，经常要穿山越岭，出入一些比较偏僻的甚至连路也没有的地方。这时候，就要找当地人做向导。有的老百姓不了解解放军，一看见当兵的就害怕，就不想给带路，想方设法跑掉了。

每一次，王克勤都要和颜悦色耐心地给向导讲道理，说明解放军是给为老百姓打仗的，是为了穷苦人翻身得解放的。向导明白了他们是什么样的军队，又看到他们对老百姓客客气气的，便不跑了，而且很乐意为他们带路。

每到宿营地，王克勤就派人打听当地的风俗习惯，叫大家注意，一定要尊重当地百姓的风俗，不能因为自己的无知伤了老百姓。这样，他们无论走到哪里，老乡们都很欢迎他们。

虽然，王克勤所带的班在艰苦的急行军过程中，到了宿营地已经身心疲惫，但是即使再累，他们也要在村子外面等着，王克勤带人去和老乡商量住的地方，直到老乡点头同意了，战士们才很有礼貌很有秩序地进老乡的屋子里，他和战士们放下枪，还要把房东的水缸挑满，打扫干净院子。

"不是群众落后，而是我们工作没做到位。"这是王克勤常跟战士说的一句话。

一次驻军某村时，女房东脾气很不好，邻居给她起外号叫"母夜叉"。王克勤带着战士们一进门，就感觉到这个女房东很讲卫生，他抓住这

△ 房东老大娘亲自端饭给王克勤班的战士们吃

个特点，首先把院子打扫干净，然后又给她担了十来担水，女房东很受感动，对大家也很热情，忙着给战士们烧热水喝，还把家里好吃的都拿出来，一定要大家吃。队伍离开时，女房东很诚恳地对王克勤说："我没见过你这样好的排长，以前住过几次军队，我没有一次不跟他们吵的，可这次遇见你，我没有理由跟你吵啊。"

还有一次，部队行进到毕庄，这里是游击区，解放军和国民党军几进几出，人民生活十分贫困，由于地处偏僻，当地的百姓对共产党的军队还不是十分了解。三班的房东老大娘，是个摆小摊的，开始说什么也不让出她的房子给队伍住。王克勤了解到，老太太的儿子被国民党官兵抓走了，她分不清好坏军队，见到当兵的就恨。她还有一个姑娘在家，就更不敢开门了。王克勤立刻告诉战士们说："谁也不准进老乡家，山东忌讳当兵的进家，咱们要注意这个规矩！"他叫全班同志都睡在院子里，不许惊动老人家，并且把院子打扫干净，把房檐下的水缸装得满满的。他独自和老太太谈了半夜，讲他自己的经历，讲解放军为谁打仗，把老太太感动得泪流满面。

王克勤还亲自用小车帮老太太运谷子，老太太感激地说："我这辈子没有看到这样好的队伍！"老太太看见战士们没有带盖的，急忙拿来自己的床单和破棉被给大家盖，主动帮助战士们缝干粮袋。

第二天部队出发，王克勤觉得自己挎包沉甸甸的，一看，装了 12 个鸡蛋和一包纸烟，用手一摸，鸡蛋还热乎乎的，他问了好久，老太太才说："同志，你不是讲了，穷人是一家，这是大娘的一点心意。给你们吃了，就当我儿子吃了一样。大娘只有一个请求，你们见到我的儿子，一定把他带在你们身边，做一个像你们一样的人！"王克勤推辞不下，最后写了封信，连同一块银元，偷偷放在老大娘的香烟摊上。那信上写着："大娘，我们一定把你的儿子从苦难中救出来！"出发前，他把12 个鸡蛋和那盒纸烟分给全排同志，说："同志们，让我们永远记住，当人民的儿子，为人民打仗，救出那些受苦受难的人！"全排的战士，全身充满力量，迈步出发，南渡黄河，肩负起党和人民给予他们的伟大使命"把革命战争引向蒋管区"去。

王克勤，人民的好儿女，他的身上喷发着无穷的力量，温暖着无数穷苦百姓的心，激发军民同仇敌忾的决心，鼓舞着他的战友们觉悟起来，为人民、为自己的阶级去战斗。

从 1947 年初开始，王克勤便带领全排开展"满缸"活动，部队走到哪里，就把群众工作做到哪里，宣传党的方针政策和我军宗旨，大做好事，把党的温暖送到人民群众中去。这一活动树立了人民子弟兵良好的爱民形象，野战军领导机关授予他"爱民模范"的光荣称号。

英雄为人民建立功勋，人民给英雄无上的荣誉。王克勤成了知名人物，受到人民的赞扬与拥戴。

△ 王克勤班开展"满缸"运动，为人民群众大做好事。

歌剧《王克勤班》

★★★★★

（27岁）

　　为了在部队中广泛地开展"王克勤运动"，使部队官兵充分了解"王克勤运动"的重要意义，军区文工团和第六纵队文工队，根据王克勤的事迹集体创作了歌剧《王克勤班》，在冀鲁豫前线部队上演了18次，受到普遍的欢迎和好评。晋冀鲁豫边区文联特发给《王克勤班》创作奖金一万元，并在文艺通讯特约许多同志撰文介绍。

　　如果说王克勤运动是标志着人民军队的军政工作深入到部队的最基层——班，那么反映王克勤运动的歌剧《王克勤班》，就起了对部队普遍的教育作用；如果说王克勤是互助友爱、勇敢与技术结合、善于带领新战士作战等的典型，那么反映王克勤典型的歌剧《王克勤班》，就对部队在各种方面工作——从接收新战士、行军、练兵、作战、教育新兵以技术和带领新战士等各种情况下的互助，解决战士思想与生活上的问题，拥军工作以至总结战斗，选举英雄等，有着广泛的教育意义。

正因为如此，许多连队和班排看过了《王克勤班》之后，都进行讨论，所有这样的讨论会都是和自己的实际密切结合起来的。

首先，它帮助部队发现本部队也有某些方面像《王克勤班》那样的班，鼓励了他们也去培养出自己的"王克勤"来。

班长以王克勤作标准来检讨自己，决心要学王克勤，如某团一连看了《王克勤班》之后，连里就召开了一个班长座谈会，主要是进行反省，学习王克勤的好作风。一个班长说："我们干什么事情都不会解释，总是快! 快干! 或是跟上! 紧跟上! 太简单化了，没有像王克勤那样给战士讲道理。"大家一致认为，凡事要先做好思想工作。四五部队观剧后，结合着"磨刀"、"练兵"轰轰烈烈地展开了"王克勤运动"。该部队七连九班、二小队八班观剧后，回去就自动开了个班务会，进行检讨与反省。八班班长任五说："我被八路军解放过来，不久上级就叫我当副班长、班长，上级对我这样关心，但我还是蒋军那一套军阀主义，对同志态度不好。人家王克勤也是解放过来的，对战士比亲兄弟还亲，我决心学习王克勤的带兵方法，咱们也创造一个第二个王克勤班。"

△ 歌剧《王克勤班》在野战军政治部演出的一个场面

其次，互助组长以王克勤班的互助小组来检讨自己的互助小组。大家分析了王克勤班的互助小组的优势，觉得王克勤的办法好，决定也像王克勤班一样，由战士自己找互助对象，民主选出互助小组长，于是根据大家的意见，准备重新建立互助组。

第三，解放战士从王克勤看到自己在人民解放军中找到了出路，从互助友爱看到在人民解放军中有了依靠。他们被俘之后，不再想着逃跑，而是能放下心来在部队里好好干。从敌意变成和谐，从消极变成积极。他们也决心像王克勤一样，把人民军队当成家一样依恋，把战友当成兄弟一样敬爱，为革命的胜利，献出自己的一切，做一个王克勤似的大英雄。

第四，新战士向白志学看齐，要把对战争的恐惧从内心中彻底消除，成长为一个大无畏的英雄。如上述二小队八班班务会上，新战士二牛说："戏里的白志学就和我刚来时一样，这戏演得真好，都摸准新战士的心啦！我在家参军时也是在大会上宣誓：'不打败蒋介石就不回家。'可是来这里第一个夜行军就把我累垮啦！吃不了这苦，就起了回家思想，后来又想回家不对，蒋介石没有打败，回去太丢人了……白志学后来转变了，还争取当了英雄，戴上红花，我也要努力学习白志学，争取当英雄戴红花。"

第五，老战士则以赵青年来检讨自己，要学习他在政治上、军事上帮助新战士，组织互助。

这样，类似这样的讨论会，就成为严格检讨自己、虚心学习别人、团结进步的会，成为研究如何在政治上军事上提高自己的会，并且讨论会后，立即提出比赛，订计划，如四五部队七连九班讨论会上，一组互助组长郭五妮提议向二组提出比赛，并制定出本组学习计划。

歌剧《王克勤班》在推动部队作风建设和军事建设上发挥了重要的作用，它使更多的官兵了解王克勤，了解了王克勤运动的重要意义，使官兵在思想上受到一次深刻的教育。

➡ 虚怀若谷

★★★★★

王克勤当了英雄，荣誉虽然多，嫉妒他的人也不少，这使他既兴奋又苦恼。当了英雄至少有两个问题要解决好：一是正确地认识荣誉，不要把成绩都记在自己的账上；二是不能把荣誉当成包袱，要力戒骄傲，继续前进。

王克勤过去在国民党部队当过好几年兵，国民党部队装备好，人又多，为什么老打败仗？而解放军新补入的战士，特别是白志学这样没经过多少训练的，为啥能在徐庄战斗中当英雄？王克勤是个头脑清醒的人，他反思考着这一个个疑问。通过实际作战，他更加清楚地认识到解放军的战略战术思想正确，指挥英明，不计较一城一地的得失，而在于歼敌有生力量，每战集中优势兵力打歼灭战。因此，仗仗打得机动灵活。第二个方面干部战士作战勇敢，自觉自愿打仗，不像国民党军，用枪逼着士兵打仗。三是解放军纪律严明，士兵服从命令听从指挥，徐庄战斗如士兵不听指挥就不可能打得那么好。四是各兄弟部队密切协同，相互支援，情同手足，不像国民党军只顾保存实力见死不救。五是根据地人民全力支援。每次作战群众组成运输队、担架队，送粮、送弹、抬伤员。这些是国民党军无法比的。打胜仗全是以上这些因素起作用。

联系到个人，王克勤很有自知之明，他说，我虽然有军事技术和作战经验，但是，如果没有党的教育使我成为一个有觉悟的战士，并把一个班交给我指挥，如果没有班里同志的自觉作战，我技术再好，经验再多，也发挥不了啥作用。徐庄战斗打得好，我固然起了重要作用，但也绝不是一个人能完成的，是集体的功劳。

王克勤不贪功，他归功于党和人民，归功于上级领导，归功于班内同志的共同努力，兄弟班的支援。因此参加英模会回来，他把得到的奖品和政府与人民给的慰问品，主动分给全班及其他班排。他从不摆英雄架子，不盛气凌人。

王克勤当了英雄，反而更加虚心。他常说："我还有不少缺点，比不上人家的地方还多，别人的好经验，就是一点儿咱也要学习，来提高自己。"他经常征求领导和同志们的意见。王克勤从小没有读过书，他就经常让同志

△ 1946年12月，王克勤在和同志们一起读报。

真心英雄

读报给他听。他没有因成绩而停步，不断发展和创造新的经验，使"三大互助"在内容上更加丰富。

王克勤对战士的教育更加耐心，方法也更灵活。

在全军普遍开展王克勤运动、向王克勤学习的热潮刚形成时，王克勤排的二班战士刘正武却开了小差。这对王克勤来说，是个不小的打击，给他脸上抹了黑。王克勤内心里也很难过。但他没有把责任推到二班长头上，只是告诉二班长召集全班战士开会，总结经验教训。在会上，班长、党员、小组长都主动检讨，王克勤却指导他们找原因，分析刘正武开小差的前因后果。大家一致认为刘正武本质上不坏，只是没有及时了解他的思想变化，思想互助没有跟上，对他遇到的困难体贴不够，生活互助也没有做好。王克勤要大家以此为戒，三大互助要常抓不懈，要真正落到实处。在这件事上，王克勤向上级主动承担了责任。

刘正武离开部队，走了七十多里路，到了大名，他感到很后悔，想到排长平日里像亲兄弟一样待他，老同志对他很关心，他不应该因为自己的一点儿私念，让排长他们担不是，他把脚一跺又回来了。

回到部队，他红着脸对王克勤说："排长，我对不起你……"就泣不成声，什么也说不下去了。王克勤这时并没有严厉批评他，更没有给他处分，他给刘正武拿凳子、端水、递烟，耐心安慰。刘正武恨自己怕苦、想家，辜负了班里的同志特别是排长的关心培养，要求给他严厉的处分，同志们也责怪他给班里抹了黑，给排长丢了脸。而王克勤不这么想，他对刘正武能自动回来，又在大家面前作了深刻的检讨十分高兴。他说："谁也不能怨，怨我工作没做到家。实际证明，刘正武是有觉悟的好同志，思想问题一时没想通犯了错误，要接受教训，好好学习。刘正武犯了错误，二班和我也有责任，我们对你了解帮助不够，没能使你避免这次错误。回来了就好，今后要更好地开展互助活动，在工作和执行任务中争取立功受奖。"王克勤对刘正武问题处理得很得体，教育了刘正武，也教育大家。此后，二班和刘正武在工作和执行任务中都表现很好。

在军事训练上，王克勤更加认真扎实。他不满足于理论讲解和练习，特别注重实际运用。根据我军多次采用夜战的特点，将靶子设制成火力点，用香烟头之类的星火在里面晃动，让大家夜晚练瞄准。他按国民党军地堡式样做了个工事，练习夜晚向枪眼里投弹。大家对这种练兵方法很感兴趣，练得非常认真。王克勤排的训练成果在攻占汤阴和定陶战斗中起了重要作用。打汤阴时，一连在东关担任围困任务，他们用机枪封锁敌人枪眼，打得敌人不敢露面。守城敌人在城墙上挂了许多油灯，都被他们一一打掉了。在攻打定陶战斗中，一连一排担任突击排，他们充分运用练兵成果，英勇机智地完成了任务。

王克勤不满足已取得的成绩，虚心向别人学习，总是不断进步，不断创新，直至牺牲。各级领导，特别是新闻单位对王克勤特别满意。

1947年4月24日，在豫北前线汤阴城下，王克勤向全排战士朗读太岳人民解放军连克五城的胜利新闻后，他当即致函杀敌英雄焦五保，叩询杀敌经验。该函原文如下：

新华社晋冀鲁豫总分社请转太岳人民解放军杀敌英雄焦五保同志：

当我们正在豫北胜利作战的时候，看到了你们连克五城的消息，你们在保卫毛主席的战斗中已经立了大功，我们全排同志向你们致敬，希望你把自己和大家的杀敌经验，多多告诉我们，让我们在保卫毛主席的作战中歼灭更多的敌人，争取全面反攻的早日到来。

党中央机关报发社论普遍开展"王克勤运动"后，各级领导对王克勤非常关心。军队和地方许多单位请他作报告，许多人写信要他介绍经验，报纸上几乎天天有王克勤班排的报道，每到一地群众都要去看他，学生们为能见到王克勤，听他说上几句话而感到荣幸。

王克勤获得那么多的荣誉，不可避免地会受到个别人的嫉妒，尤其是与王克勤朝夕相处的个别同志，他们觉得王克勤跟他们没什么两样，只不过工作做得比他们好一点儿，却得了那么大的荣誉，而他们却一无所得，心里特别不服气，更何况有些是解放区自愿参军的同志，觉得自己是解放区最优秀的青年，参军时戴大红花，村干部和群众敲锣打鼓送了一程又一程，而王克勤是被俘过来的，过去在国民党那边还打我们，凭什么给他这么多荣誉？个别人还讽刺说："王克勤，你是方向，你是旗帜，你迈哪个腿，我就迈哪个腿，你走到哪里，我跟到哪里。"他们向王克勤挑战，向王克勤班、王克勤排挑战，带着明显的嫉妒情绪，要把王克勤比下去。

在敌人的炮火下从不畏惧的王克勤，面对自己同志的刁难却很难过、很苦恼。

上级机关也注意到了这种不良情绪，及时对部队官兵进行教育。连队教导员也找王克勤谈过多次，劝他沉住气，用正确的态度去对待。这种矛盾不是王克勤造成的，荣誉和奖励是上级给的，不是自己要的，自己应该一如既往地干好工作。王克勤是个懂道理的人，他认识到别人不服气说明自己工作还有缺陷，贡献还不大，还配不上英雄的称号。因而他对不服气的人一不怨恨，二表示向他学习，决心在工作与作战上与不服气的人比个高低，比胜了不骄傲，比败了好好向别人学习，比的目的是追求多打胜仗，而不是图奖赏。

在后来的一次长途行军中，要在行军作战中进行革命竞赛，班、排、连之间，甚至营团之间都参与了挑战。一连的竞赛对象是王克勤排、王克勤班和王克勤本人。最终王克勤经受住了考验，在恶劣的气候条件面前显出英雄本色，让每一个人都见证了王克勤的工作功底。

古人云：岁寒，然后知松柏之后凋也。事实胜于雄辩，在进行行军总结时，二、三排的干部战士从心眼儿里佩服王克勤，嫉妒情绪自动消失了，讽刺性的语言也听不见了，学习王克勤运动在一连也更加扎实地展开了。

王克勤是一名真正的人民战士，是优秀的共产党员和革命干部。

→ 勇挑重任

（27岁）

　　全国解放战争的第一年，我军歼敌112万人，夺取了国民党军战略主动权。党中央、毛主席高瞻远瞩，不待敌人重点进攻的攻势被粉碎，便英明地决定人民解放军由战略防御转入战略进攻，在敌人薄弱的南线中央突破，向敌人战略要地大别山实施主要突击，把战争引向辽阔空虚的敌人大后方。中央军委决定以晋冀鲁豫野战军主力首先在鲁西南强渡黄河，继而跃进大别山；以晋冀鲁豫野战军集团，在晋南突过黄河，挺进豫陕鄂；以华东野战军主力大军挺进豫皖苏。三路大军以"品"字形鼎足协力，逐鹿中原，调动敌人回援，迫使敌人转入全面防御。

为了执行这一方针，1947年6月30日，刘邓大军主力四个纵队十二万余人，在张秋镇至临濮集150公里地段上一举渡过黄河天堑，展开了鲁西南战役。

部队渡过黄河以后，正是炎热的暑天。烈日当空，行军路上，不少战士中暑昏倒。自认为"能驮动山炮"的王克勤也变瘦了。急行军路上，他每顿只吃半个馍，还是照样说说笑笑，抢着替体弱力小的同志背东西。一到宿营地，还是两脚不停，照顾新同志。

在全排的党员会议上，好几个同志对他提意见，要他注意身体，他仍是那句话："不碍事，给我门山炮，也驮得动。"

第十八旅从后张庄渡口，趁夜幕深垂之际，采取横宽队形破浪前进。当船队驶近对岸时，敌人才发觉，慌忙以机枪向我军射击，炮兵立即向敌岸猛烈轰击，船上各种火器也同时开火，突击队在火力掩护下，奋勇登岸，占领了东于谷、董口滩头阵地。

鄄城守敌见守不住了，就连夜弃城南窜。

蒋介石急忙调整部署，以第五十五师主力退守郓城，第六十八师及第一八一旅退守菏泽，从豫皖苏抽调第一五三旅守定陶，作为西路军牵制解放军主力；同时从豫皖苏抽调第五十八、第三十二、第六十六师与嘉祥地区第七十七师结成东

△ 王克勤班在郓南战役中

路军，归王敬久指挥，企图伏击解放军侧背。刘邓首长决心首先歼灭郓城、定陶、曹县之敌。第六纵队的任务是单独歼灭定陶守敌。

定陶是国民党军在鲁西南的重要据点，守敌为第六十三师第一五三旅及地方团队，共约四千

△ 在郓（城）南战役中，王克勤利用实战机会教育战士利用地形，挖掘工事，保存自己，消灭敌人。

余人。定陶有高达两丈的城垣四角，城门有碉楼，城墙上筑有工事。外壕深、宽丈余，无水。壕外有大量鹿砦，并有土木质地堡火力点。城外200米筑有一道坚厚土堤与四关相连。十里内的高秆作物全被砍光，以防解放军偷偷接近。

纵队对歼灭定陶守敌的部署是：以第十六、十八旅突然占领定陶四关，完成对第一五三旅的合围，以第十七旅位于城北向菏泽方向警戒。

十八旅以第五十二、五十三团为第一梯队，于7月4日晚从菏泽北部出发，5日拂晓前与第十六旅突然包围了定陶城。当日夜，第五十二团攻占西关，控制了西城堤。第五十三团占领了城北堤。至此，将敌压缩于城内，完成了第一步作战计划。

十八旅的攻城计划是：以第五十二团与第五十三团为攻城第一梯队，由北门实施主攻；第五十四团为第二梯队；以五十二团第三营向西门佯攻。纵队炮兵营两个连及第十七旅山炮连加强十八旅。

任务部署后，各部抓紧进行战前动员，部队纷纷写决心书、挑战书、火线入党申请书，表示坚决打好战略进攻第一仗。

王克勤所在的五十二团在离城五里的一个小村子里作攻城的准备工作。

王克勤每天都忙得马不停蹄，他分别召集了老战士、新战士、党员开会，作了动员，帮助各班编好了战斗互助小组。又是反复地问大家："这是过黄河后的第一仗，咱们纵队参加大反攻的第一炮，同志们有信心打好吗？"战士们齐声说："有信心！"王克勤说："好！大家的信心就是我的信心，我就敢向上级要任务了。"

在全连动员会上，指导员宣布一连被任命为全团的突击连。一听到这个消息，全连爆发出一阵热烈的掌声和欢呼声。等指导员刚讲完话，王克勤第一个站起来向指导员要求当突击排。二排和三排也不肯让步，于是动员会变成了争任务会。

王克勤天天忙着开会讨论攻城的打法，找战士个别谈话，检查武器装备，组织老战士给新战士介绍战斗经验，劲头十足。

但是由于在高温季节急行军并受了雨淋，王克勤得了重感冒，头疼发热，加上过度操劳，得不到片刻休息，人也累瘦了，吃饭吃得很少，战友问他哪儿不舒服，他只说："头有点儿痛，没事儿。"

在全排的党员会议上，好几个同志都对他提出意见，说他不爱护身体。王克勤总是笑笑说："不碍事，大概是路上中了点儿暑热。"停了一会儿又说："我已经直接到营首长那儿去要求过三次突击任务了，可是营首长却反过来叫我去住医院。排里这么多新同志，打仗不带头他们能行吗? 再说，这一仗还能没咱的份儿? 毛主席指示咱们要把革命战争推向蒋管区去，我的母亲、弟弟都还在蒋管区受罪，不打好这一仗，对不起革命也对不起我的母亲。"接着他就提出别的问题来研究，避开再谈到自己的病。

会后，王克勤对大家说："同志们先吃饭，我再去请战，一定要把突击排任务给抢回来！"

同志们拉着他说："排长，你两天没怎么吃饭了，现在正在开饭，吃了再去也不耽误请战啊！"

王克勤说："可别说我病了，连里知道就糟了，就别想当突击排了。"

连长和指导员正在研究攻城方案，议论着由谁当突击排的事，听到门外传来了熟悉的脚步声，两人会心地笑了。

随着一声"报告"，王克勤满头大汗地闯了进来。连长笑着说："一听就知道是你，是来要突击排任务的吧？"

"不，是要最艰巨的任务！"王克勤认真地说。

指导员笑着说："那还不是一样。"他拍着王克勤的肩说："一排长，你们这种积极求战的精神很好。我们每一个共产党员都应当争重担子挑。可是，突击排任务非同儿戏。同志们虽然决心很大，可排长生病没法指挥呀。你别以为能瞒得了我们，我们都知道了，你现在是病号。"

王克勤自知已无法隐瞒，便说："我这么个大男人，头疼脑热的算个啥？反正这反攻战役第一仗的突击排任务得交给我。"

连长看王克勤软磨硬缠的不走，便说："一排长，请你回去先告诉大家，仗有你们打的，至于谁当突击排，营首长有指示，哪个排准备好就定哪个排。"

王克勤听了，高兴地喊了声"是"，一溜烟儿跑了。

回到排里，他积极认真地作战前准备工作:绑云梯，练队形，擦武器，研究战术，分析战斗的每个细节。营指挥所挨着连部，准备工作差不多时，他又跑到营部，找营长武效贤、教导员于永贤磨任务去了。

打仗的前两天，王克勤兴冲冲地从营部跑回来，一进门就连声嚷着:"同志们，好消息，准啦！"大家呼啦一下子围了上去，他说:"营首长答应了，把突击任务交给咱排。"同志们有的拍手，有的跳起来。各个班都争着向他要求当突击班，他说:"不用争，谁准备得好谁就去！"

王克勤带领全排积极地做云梯，练习投弹，练习摆队形，为攻城作好了充足的准备。

关键时刻，他总是以革命利益为重，从不计较个人的得失，充分展现了一个优秀的共产党员的优良品质和高尚的思想觉悟，也验证了王克勤真正的英雄本色。

→ 捐躯定陶

7月10日是预定攻城的日子。

王克勤已经好几天没有好好吃一顿饭了，他患了重感冒，身上还发着烧，嘴唇都干枯了，只有那一双眼睛还很有精神。几个班长和全排的同志都劝他留在后面，对他说："排长，你就放心吧，我们保证完成任务，保证不叫咱们排丢脸！"

王克勤满意地扫了大家一眼，笑着说："劲头足啊！这一仗准会打好，我不能不去，我不能打，还可以指挥大家，帮你们选择冲锋道路，看冲击信号，我的经验毕竟多一些啊！有点小病，一听到枪声就会好的。"大家见劝不了他，只好随他去了。

晚上6点多钟，王克勤率领全排出发了。

每人手上提着满满一筐手榴弹，沿着交通沟运动到定陶城北关外 50 米的地方去，在预先挖好的堑壕里隐伏起来。敌人从城墙上的各个枪眼里不停地向外射击，排里的各种重火器也开始找目标进行试射。王克勤蹲在堑壕里，观察前面的地形。城墙有两丈多高，城墙外面有护城壕和鹿砦。王克勤为突击班三班选择了冲锋

△ 定陶战役中我军防空哨兵

道路，又跑到各班检查了一遍，直到每个人都准备就绪，他才放心。

19时整，三发红色信号弹腾空而起。攻城战斗开始了。五十二团突击排爆破组在工兵班配合下开始连续爆破，佯攻部队开始动作，给敌人造成错觉。

炮弹呼啸着从头上飞过去，城墙顿时被烟尘和火光吞没了。一发炮弹不偏不倚"轰"地一下把城门楼子打塌了。又接连着几发炮弹把城门打了一个大缺口。炮火开始延伸了。这时，只见王克勤一跃而起，把新兵余三虎的手榴弹筐子夺过去，说："拿来，我帮你提着！"余三虎着急地说："排长，你千万不能冲啊，要爬那样高的城墙，你身体还病着！"他头也不回说了声："我知道！"他一双眼瞪着我方上空，等待着冲击的信号……一颗红色信号弹升起来了，王克勤喊："冲！"他随即一跃第一个冲出堑壕。战士们紧跟着，迅速通过堑壕，跳过护城河，冲到了城墙的缺口下面。

此时，天色已完全黑了下来，只能看见模糊的人影。子弹在嘘嘘地叫着，前后的重机枪像潮水一样倾泻，城墙上还有一些残存的火力点在喷射着火舌。

王克勤指挥同志们靠近城墙边的敌人射击死角，命令机枪消灭敌人火力点，顺手将手榴弹向城上投去，王克勤见登城时机已到，大喊了一声："架云梯！"三班副班长陈群和两个战士把云梯竖在了缺口上，他冒着城头不断塌下的砖石，第一个爬上云梯，大叫了一声："同志们，冲啊！"话音未落，他已登上云梯的第三节。当他正向第四节登去时，突然敌人的一个机枪点射，击中了他的腰部和腿部，王克勤倒在了壕沟里。

火力组立即以猛烈的火力将敌机枪压制，陈群急忙替他包扎。王克勤推开他喊道："不用管我，快冲上去！"此时身负重伤坐在地上的王克勤仍然手捂伤口，顽强地指挥全排战斗："各班搭人梯，机枪掩护好，扩大突破口。不管哪个，谁上得快谁先登城！班长、组长照顾好，赶快上，不用管我！冲啊！"三班长崇世礼和班里的三位互助组长黄天顺、曹云龙、赵分明等登上了城头，用步枪和手榴弹打散城楼上的敌人。随即，三班全上来了。敌人逃到了城下西南的房院里，用枪榴弹转向城上射击，黄天顺等负伤。这时，一班、二班也登上了城头。他们打退了敌人四次反扑，稳稳地占领了城头。该发信号了，三班长才想起信号枪还在排长手里，急得直搓手。

这时，只见两发白色信号弹由城墙下升了起来，在城头上空闪耀着刺眼的光芒，后面的冲锋号像怒涛般地汹涌而起……那是我们的英雄王克勤发出的登城成功的信号。

原来，王克勤说什么也不让陈群把他背走，在陈群的怀里，他强支着身子在城下指挥战斗。他向刚上来的一班长说："机枪掩护好……扩大突破口！"他向二班长说："右边有敌人的机枪，把它干掉！……"他跟陈群说："小陈，你也别守着我，上面缺人，快冲！"他发现同志们已经夺取了城头，便忍着疼痛，

△ 定陶战役中我军机枪重地

抽出信号枪，向大部队发出了登城信号。信号一
发完，他便昏了过去。

王克勤挣扎着，他想站起来，可努力了几次，
还是没有站起来。战衣已被鲜血染红，也染红
了他身下的泥土。他太虚弱了，他感到一阵眩
晕。不，不能就这样倒下！敌人还没有完全消灭，
家乡还没有解放，母亲和弟弟还在苦难中等待
着他回家，他要睁开眼睛，要亲眼看到战友们

占领城堡，要和战友们一起分享胜利的喜悦。

王克勤被陈群背下火线，送到救护所。

医生打过针，他醒了一会儿，又昏过去了。在去医疗所的路上，王克勤又清醒过来，他听到前面还有枪声，就问陈群："定陶还没有打下来吗？"陈群含泪握住他的手说："排长，你放心，一定会打下来！"他在担架上吃力地喘息着，紧咬着牙，不让自己哼出声来。这时他记起兄弟部队战斗英雄史玉伦，向陈群说："小陈，替我给史玉伦同志写封信，说我来不及给他写了。我们全排向他学习……还有，我包袱里有几件衣服，分给同志们，战斗下来，同志们缺穿的……"陈群听到这些话，扭过脸去，抹掉泪水说："排长，不要说这些，我们等你回来！"王克勤点点头，他又紧抓陈群的手说："小陈，再替我给毛主席写封信，告诉他老人家，党教育我成为一个革命战士，可是我为党、为人民做的事太少！……"

十八旅抓住战机，立即命令各团主力和第二梯队投入战斗，攻进了城内。入城后，大块地分割包围敌人，以爆破和迫击炮打平射办法摧毁地堡。

午夜，战役结束。全纵以较小的代价，取得了歼敌四千余人的胜利，并缴获各种炮十五门，各种枪一千二百二十三支，战马一百余匹。

王克勤由于数日生病身体虚弱，负重伤后流血过多，于转运途中光荣牺牲。弥留之际，他对在场同志说："我革命到底了，请转告毛主席，我死也要为人民服务。"

这就是王克勤的遗言。他在生命的最后时刻，所关心的是胜利，所念念不忘的是党对他的教育。

王克勤的牺牲，让大家非常悲痛，他生前的战友们更是悲痛万分，他们简直不能相信他们如此敬爱的排长，竟这样永远地离开了他们。

当全军著名的爱兵爱民模范和杀敌英雄、晋冀鲁豫野战军第六纵队某部排长王克勤英勇牺牲的消息传到野战军总部后，刘伯承司令员激动地说："蒋介石一个旅也换不来我一个王克勤！"随即他以自己和政委邓小平的名义，亲笔给王克勤所在部队发去了唁电，称赞他是"战斗与训练，技术与勇敢结合的，为我全军所学习的新的进步的范例"。

战斗结束的第二天，十八旅党委召开会议，作出了"进一步开展王克勤运动"的决定，同时作出召开追悼会等一系列决定。

部队一打扫完战场，全旅及定陶各界群众，便在定陶城北门召开了隆重的追悼大会。

大会首先宣读了由刘伯承司令员起草的以

刘邓两位首长联名发来的唁电，原文如下：

　　我们以极悲痛的心情悼唁本军著名英雄王克勤同志，悼唁我们一切为人民事业而牺牲的烈士们。王克勤同志一年来建立了很多战功，树立起战斗与训练、技术与勇敢结合的为我全军所学习的新的进步的范例。我们对于他这种为人民立功不顾一切奋勇杀敌的牺牲精神和高尚品质，表示无限的崇敬。为了永远纪念王克勤同志，决定王

△ 定陶战役

△ 王克勤

克勤所在的排永远保持王克勤的光荣称号。号召全军学习王克勤同志，并为继续开展王克勤运动而奋斗，一直到歼灭全部进犯军。王克勤同志及一切烈士们永垂不朽。

会上宣布了刘邓首长发布的命令，授予第

五十二团第一连第一排永远为"王克勤排"的光荣称号，宣读了晋冀鲁豫边区政府的唁电。纵队副政委兼政治部主任鲍先志亲临大会，并致了悼词。会上，定陶县政府决定将定陶城的北门，命名为"克勤门"。

追悼会也是新的战斗的动员会。因为，第二天，十八旅将长途奔袭打六营集之敌。十八旅号召部队，人人争做王克勤式英雄，班、排争当王克勤式的班、排。为了永远纪念王克勤，

△ 1993年3月新建的定陶县烈士陵园内王克勤烈士之墓

从那天起，第五十二团第一连的每次集会点名，总是第一个喊响王克勤的名字，直到今日。

王克勤烈士的遗体安葬在定陶北门的辘湾村烈士墓地。随葬的烈士遗物，有印章、手枪、模范共产党员铜质证章等。

1968年，定陶县政府修建烈士陵园，决定搬迁和重建王克勤烈士墓。

1969年，在陵园建起了烈士墓碑。

在中国人民革命博物馆，在烈士家乡阜阳市烈士馆，在定陶县烈士陵园，在邯郸市晋冀鲁豫烈士陵园，都辟有王克勤烈士事迹陈列室，供后人学习、瞻仰。

→ 永远的丰碑

★★★★★

王克勤为人民解放献出了自己年轻的生

命，但王克勤创造的"三大互助"的带兵方法，却依然在部队中发挥着它长久不衰的生命力，他依然是官兵心中学习的榜样，他的精神依然鼓舞着更多的战友，他们争当王克勤班，他们努力进取，争做王克勤式的战斗英雄。王克勤成为人民军队一面鲜明的旗帜。

纪念王克勤的最好方式，就是进一步开展王克勤运动，让王克勤运动这面旗帜更鲜明，在部队思想教育和军事教育上发挥更大作用。

为继续发扬王克勤的精神与传统，更进一步开展王克勤运动，淮河三大队特召集了解与体会王克勤思想作风比较深切的同志开座谈会，到会的有王克勤所在连政治指导员林钦福，副排长胡宝生，一班长黄树朴，二班长高文祥，"王克勤班"战士吴代群等王克勤生前的亲密战友。

林指导员说："王克勤同志在接受命令完成任务时不打折扣，没有向上级提过一次困难，大小困难，他都自己想办法克服了。"

黄树朴说："我和排长都是平汉战役过来的，据我了解排长的思想转变得又快又好。排长对新战士和对有错误的战士，从没有当面批评过，没有耍过态度。"

高文祥插嘴说："排长常说，有错误，要教育，单纯处分、批评，转变不了人的思想。他看见谁苦闷，了解对方为什么苦闷，他就主动去谈心，经常注意掌握大家的思想情绪，全排老战士没有一个落后的。另外，排长生活上也很关照大家，谁想家他就给写封家信。他的钱几乎不用在他自己身上，大都花在病号身上。"

张太平接着说："排长对战士教育抓得紧，所以新战士都愿意到这个排，要是从这个排向外调，谁也不愿意去。"

黄树朴补充说："排长对战士好，可是公私分明，平时打成一片，工作时不能差一点。他善于做群众工作，他常说：我们流血牺牲是为老百姓，为什么不叫群众更好了解我们呢？为什么要给群众留个坏影响呢？他教会了每个战士都会作宣传工作。他每到宿营地经常向房东问好道歉，每次出发他总是检查借的东西还了没有，其实不用检查，排里战士都会想着要上门板，送还东西。"

林指导员说："他当英雄得的奖品，都分给大家，他这样说：我当英雄，是沾大家的光，我的光荣，就是大家的光荣。他牺牲了，遗留下来的只有两件破军衣、几张报纸和几张照片。"

副排长胡宝生没发言就哭了，他说："排长对我的帮助我啥时也忘不了……别的我不说了，排长当了全军的英雄，他一点儿也不自大，一点儿也不骄傲。有人说他不好，他不介意，也不反驳，就只是任劳任怨，埋头苦干。"

王克勤做的每一件事，说的每一句话，都深深地印在官兵的脑海里，王克勤没有死，他永远活在战友的心中。

王克勤生前领导的王克勤班，又出了新英雄班长张太平，在领导该班时，他依照王克勤生前的工作作风，把全班团结得像一个人，打仗、练兵、军民关系都做得很好，现已被提升为副排长。

"王克勤排"在 1948 年攻占襄阳城战斗中，再现了王克勤的精神风采。

王克勤烈士生前所在团，参加了攻占南漳县城以后，上级命令他们于当日 21 时到襄阳西关，准备作纵深发展。他们虽然是以高速度奔进，但是到了 18 时预定总攻的时间，他们还距襄阳城 30 华里以外。

消息传来，城垣已经突破了。王克勤所在排立刻抬上梯子，作登城准备。按战斗序列，王克勤所在团是第五梯队，他们急切地等待着攻城命令。后来他们决心自己开辟登城道路，于是以第三班为突击班作全团先锋。当九〇部队刚刚投进一个营的时候，他们就在靠近城门处一举登城，顺手夺取了敌人一个碉堡，并趁着敌人向后拥退，迅速突入敌人阵地。几分钟工夫就捉了五十多个俘虏。三班受命看管俘虏，一、二班向西南方向作高度的迂回机动，接连夺下三个炮楼。这时，敌人约有两个营的兵力分两路向他们反扑。一部与一班接触，另一部与二班激战，但是统统被他们打退了。

1949年4月的渡江战役中，王克勤所在的

△ 小型歌剧选《王克勤班》封面

排作为渡江突击队冲锋在前，其中一班所在的船只，冒着敌人的枪林弹雨，飞速向对岸靠近，并率先靠岸登陆，配合其他另外两只同时靠岸的船只，为后面的大部队顺利登陆杀出一条血路。

由于"王克勤运动"的开展，给全军军事政治工作大大推进了一步，给全军的战斗力大大地提高了一步。7月26日，《人民日报》上刊登了由李直作词、铁民作曲的悼念王克勤的歌曲《展开王克勤运动》，成为进一步发扬王克勤精神的号角和战歌：

△ 赠给王克勤排的锦旗

△ 命名大会会场

为了粉碎蒋介石的进攻，

普遍展开王克勤运动。

新战士，老战士，大家团结像弟兄。

一面学习，一面研究，互助进步不放松。

人人作模范，个个当英雄。

……

王克勤式的模范班，在各部队大批涌现，

如史玉伦班、史德明班、董金德班、任笑祥班等。史德明班参加大规模战斗二十余次，且多次担任主要战斗任务，而全班没有一个人牺牲或逃跑，每次均胜利地完成任务。董金德班当选为全营王克勤式的模范班，他自己也是滑县邵耳岩战斗从蒋军一二五旅解放过来的，已被提升为班长。

英雄王克勤虽然没有目睹共和国的胜利，但人民没有忘记他，军队没有忘记他，他曾经服役的部队更是没有忘记他。

几十年来，王克勤生前所在部队，尤其是生前所在的班、排、连，始终保持王克勤运动的好传统。连队每天的晚点名，首先叫响的是王克勤。他们说，王克勤永远在连队的行列里。连队始终重视开展尊干爱兵活动，全面建设，连创佳绩。

1977 年以来，王克勤生前所在的一连，集体荣立二等功和三等功各两次。

1982 年，一连被南京军区授予"尊干爱兵模范连"的荣誉称号。

1984 年，南京军区党委要求部队官兵广泛开展向一连学习的活动。

1990 年，为表彰一连的突出成绩，中央军委决定授予一连以"尊干爱兵模范连"荣誉称号。要求全军指战员要学习一连的先进事迹和经验，进一步继承和发扬我军尊干爱兵的优良传统，努力做好经常性的思想政治工作，增进官兵团结，加强部队政治建设和基层建设，提高部队战斗力，把我军建设

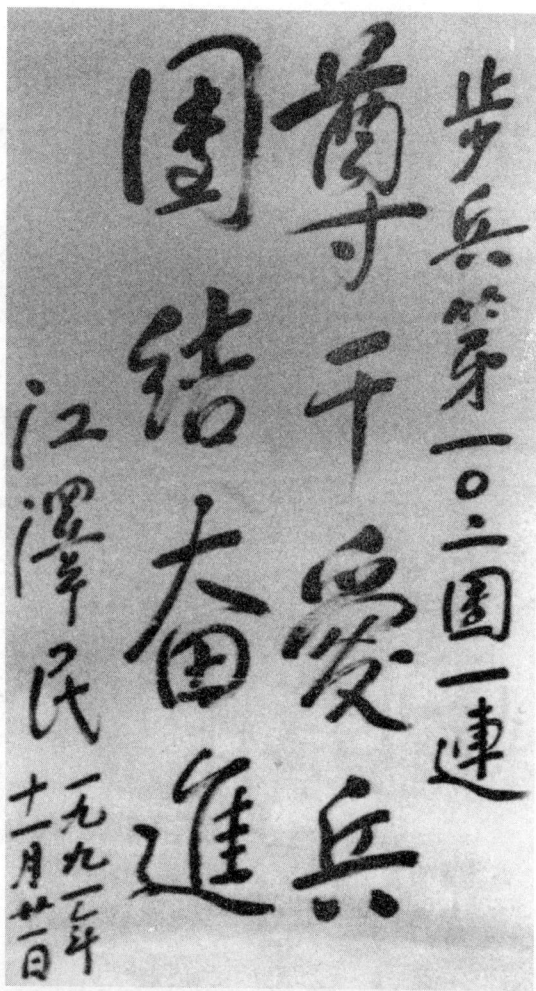

尊干爱兵 团结奋进

步兵第一〇二团一连

江泽民 一九九一年 十一月廿一日

△ 1991年11月21日，中央军委主席江泽民视察王克勤生前所在连"尊干爱兵模范连"时为该连题词。

成为现代化、正规化的军队。

1991年1月，南京军区召开命名大会，总

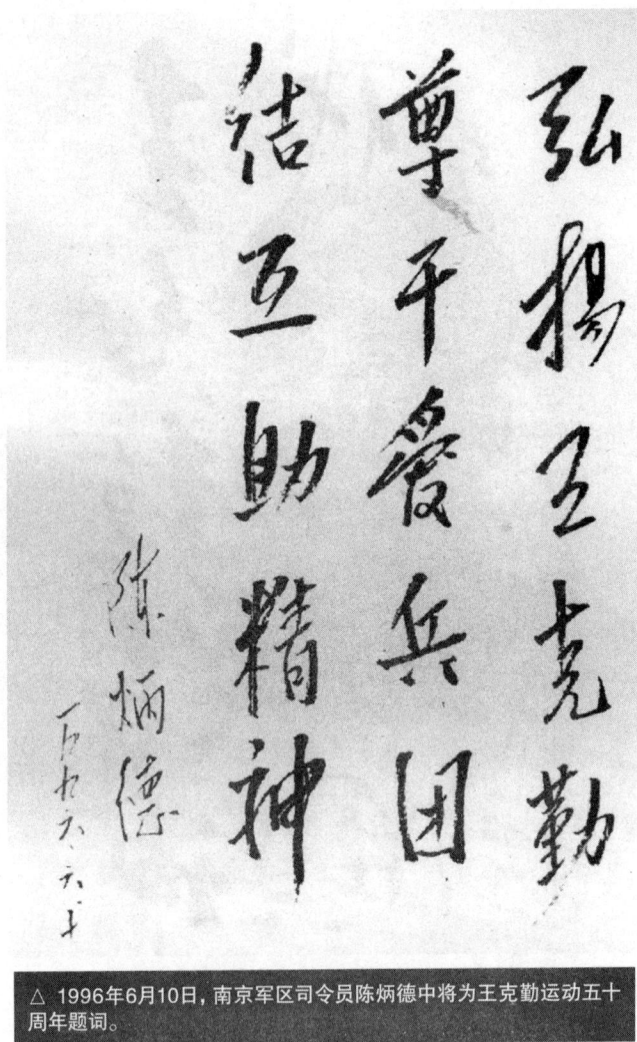

弘扬王克勤
尊干爱兵团
结互助精神

陈炳德

一九九六·六·十

△ 1996年6月10日，南京军区司令员陈炳德中将为王克勤运动五十周年题词。

参谋长迟浩田上将亲自给一连授旗。

1991年月11月，江泽民主席亲临王克勤生前所在连视察，并欣然题词："尊干爱兵，团结

奋进。"

　　和平年代，人民已经不需要战争，但还需要军队保家卫国，保卫这牺牲了无数先烈才换来的胜利果实。如今的王克勤班、王克勤排，在新的历史条件下，已经赋予了王克勤精神以新的内涵，但王克勤遗留下来的优良传统，他们依然继承着，官兵团结，军民团结，艰苦奋斗，顽强勇敢，体现了我们这个时代军人的最强音。

　　我们不再讲打仗了，可是我们还需要友爱，

我们没有阶级敌对了，可是我们社会还要和谐，我们没有战争了，可是我们和平时期的建设更需要任劳任怨、埋头苦干的精神风貌。

和平年代，前进步伐也需要先辈鼓舞，他们用生命铸就永远的丰碑，总是站在十字路口，指引着后来人的前进方向，无数个王克勤们会让后来人走得更快更好！

后　记

一切源于对党和
人民解放事业的无比热爱

恨有多深，爱就有多深。

在中华民族最苦难的岁月里，王克勤，一个佃农的儿子，注定命运是多灾多难。地主老财的压榨，国民党军队里受尽欺辱，穷苦人就像案板上的肉，任人宰割，他的内心满是对这个社会的仇恨。

是党的优待俘虏政策给了他重新做人的机会，是人民的军队给了他发挥才干的舞台，当日国民党军队里的"神枪圣手"，只有在人民的军队里才射出一颗颗正义子弹。

他把对敌人的恨都化成了对战友同志的爱。他争着抢着替新兵扛枪，战友怕把他累坏了，劝他放下来，他总是笑呵呵地回道："给门山炮都能扛。"朴实的言语里透着对战友多么深挚的友谊啊！

他常对战友说：在家靠父母，革命靠互助。人心齐，方能泰山移。他总是以宽广的胸怀，友爱的双手，将战友们团结在一起。心往一处想，劲儿往一处使，王克勤班总能表现出出色的战斗力。

"三大互助"让他一举成名，可他依然故我，甚至比以前更要求进步，因为他做这一切，只是源于他对革命事业无限热爱，对战友无限深厚的情谊。

英雄莫问出处。真正的英雄一定胸怀大爱而又无私无畏。

让我们永远记住王克勤：

一个会打仗的好兵，一个勇敢无畏的战斗英雄，一个真正的共产党员，一个纯粹得可爱的人，一个充满仁义之心的人。